EL EVANGELISMO PERSONAL

Un Estudio Breve del Evangelismo Personal

por

**Bob C. Green, D.Min.
(Hermano Roberto)**

EL EVANGELISMO PERSONAL
Copyright 2020 by Dr. Bob Green

ISBN: 978-1-7347481-4-7

Published by
The Old Paths Publications
www.theoldpathspublications.com
TOP@theoldpathspublications.com

April 2020

DEDICACIÓN

La Dedicacion: Este libro se dedica a los que me buscaron para ganarme a Cristo y a los que me animaron a buscar a otros para Cristo-- Aquel que hizo possible el Evangelio y la Salvacion.

LA ORACION DEL GANADOR DE ALMAS

Señor, obra en mi corazón, dándome compasión por las almas perdidas
Ama Señor esas almas por mí
Ayúdame Señor hacer la parte que me toca a mí
Y así ganarlas para Ti

EL PROPOSITO

El propósito principal de este estudio es glorificar a Dios, pero también es animar y preparar a los estudiantes en el evangelismo personal. Los creyentes debemos buscar glorificar a Dios, nuestro Padre celestial, en todo lo que somos y todo lo que hacemos (I Corintios 10:31). No hay mejor manera de glorificar a Dios que obedecer Sus mandamientos. El nos manda testificar de Cristo y participar en el evangelismo del mundo entero.

"Si, pues, coméis o bebéis, o hacéis otra cosa, **hacedlo todo para la gloria de Dios"**

Según lo que dice el Apóstol Pablo, aun las actividades diarias como el comer y beber **deben hacerse con el propósito de glorificar a Dios.** La expresión, "hacedlo todo" significa que los creyentes tenemos la obligación de vivir, en todo, para la gloria Dios. ¿Vivimos con el propósito de glorificar a Dios en todo?

Si nuestro gran propósito es glorificar a Dios, entonces vale comprender que es lo que le glorifica. El Apóstol Juan nos dice:

*"En esto es glorificado mi Padre, en **que llevéis mucho fruto**..." Juan 15:8.*

Glorificamos al Padre por llevar mucho fruto. El fruto a que se refiere el Señor puede ser el fruto del Espíritu mencionado en Gálatas 5:22-23.

"Mas el **fruto del Espíritu** es amor, gozo, paz, paciencia, benignidad, bondad, fe, mansedumbre, templanza; contra tales cosas no hay ley."

O, el fruto que glorifica a Dios puede manifestarse en la forma de nuestras **obras.** Jesús dice in Mateo 5:16:

*"Así alumbre vuestra luz delante de los hombres, para que vean vuestras **buenas obras, y glorifiquen a vuestro Padre** que esta en los cielos."*

Espero que el presente estudio del *evangelismo personal* sea una bendición y una ayuda al lector. Mi oración es que el estudiante llegue a ser un sembrador de la semilla del Evangelio y un ganador de almas que lleve **mucho fruto para la gloria de Dios.** No vale saber *como* ganador almas si uno no pone por obra lo que sabe.

En Los Proverbios 11:30 hallamos lo siguiente:

*"El fruto del justo es árbol de vida; Y el que **gana almas** es sabio."*

¿Desea serle obediente a Dios? **Busque ganar almas.** ¿Desea rescatar las almas perdidas de las llamas del infierno? ¿Desea librar al pecador de las cadenas y esclavitud de pecado? ¿Desea la felicidad y el gozo para las familias de su vecindad? **Busque ganar almas para Cristo.** ¿Desea glorificar a Dios? **Busque ganar almas.**

Cuando **los cristianos siembran la semilla del evangelio** y buscan ganar las personas para Cristo **tienen la posibilidad de "lleva mucho fruto" para la gloria de Dios.** Algunos campos misioneros no producen muchos resultados visibles, pero no obstante mas semilla se siembra, mas potencial hay para una buena cosecha.

"Pero esto digo: El que siembra escasamente, también segará escasamente; y el que siembra generosamente, generosamente también segará." II Corintios 9:6

Hablando francamente, hay campos que producen bien poco a pesar de los esfuerzos múltiples, sinceros y persistentes de los ganadores de almas. En estos casos el Señor se glorifica sencillamente por la obediencia de Sus discípulos. El Señor halla complacencia en los esfuerzos de Sus siervos fieles. La verdad es que solo El puede salvar al pecador. Hay que dejar "los resultados" con El. No hay que desanimarse en cuanto a la ganancia de almas. Hay que seguir sembrando la semilla.

El testimonio del entrenador Tony Dungy. El entrenador principal del equipo campeón mundial, Los Indianapolis Colts, Tony Dungy dice en su libro *"Quiet Strength, The Principles, Practices, & Priorities of A Winning Life"*, *"El propósito de mi vida es simplemente glorificar a Dios.* Yo soy entrenador de un equipo profesional de futbol Americano, pero el bien que puedo hacer para la gloria del Señor, en mi carrera, es el propósito verdadero de mi vida. Deseo ayudar a la gente encontrar el camino a la vida eterna en Cristo Jesús. Quiero que gocen de la vida abundante que Cristo ofrece y que cumplan el propósito divino en este mundo."

Los propósitos son: **Glorificar a Dios; motivar a otros** vivir una vida fructífera como ganadores de almas; y **dar unas instrucciones bíblicas básicas** que servirán al lector y ayudarle evangelizar a otros eficazmente.

TABLA DE CONTENIDOS

DEDICACIÓN 3
TABLA DE CONTENIDOS 8
LA INTRODUCCION 9
   Una Definición del Evangelismo Personal 9
CAPITULO UNO 14
   EL GANADOR DE ALMAS 14
   INDIVIDUOS GANANDO INDIVIDUOS 39
CAPITULO TRES **46**
   LA IMPORTANCIA DEL EVANGELISMO PERSONAL 46
CAPITULO CUATRO **53**
   ALGUNAS SUGERENCIAS PARA TENER EXISTO 53
CAPITULO CINCO **59**
   BIBLICAMENTE, EL "HACER DISCÍPULOS" FORMA PARTE DE LA GRAN COMISION… 59
CAPITULO SEIS **64**
   EXCUSAS… porque no ganan almas algunas personas cristianas 64
CAPITULO SIETE **65**
   LA PALABRA DE DIOS ES ESENCIAL 65
CAPITULO OCHO **67**
   LA GANANCIA DE ALMAS 67
CAPITULO NUEVE **70**
   EL MINISTERIO DE GANAR ALMAS 70
CONCLUSION **85**
EL AUTOR **102**

LA INTRODUCCION
Una Definición del Evangelismo Personal

"*El fruto del justo es árbol de vida; y el que gana almas es sabio.*"

Proverbios 11:30

He oído, algunas veces, a las personas hablar negativamente en cuanto la expresión "ganar almas". No estoy seguro si su objeción es resultado del hecho de que no se dedican a evangelizar a los perdidos, o si en verdad creen que la expresión es demasiado arcaica. Cualquiera que sea el motivo de su objeción, no debemos rechazar el uso de la expresión bíblica "ganar almas", ni tampoco el principio o el concepto. "Ganar almas" es una de las expresiones que se usa para referirse a las actividades que la Biblia también llama el "evangelismo".

Ganar almas o el evangelismo personal es la actividad de un individuo. El individuo presenta el evangelio de Jesucristo (I Corintios 15:1-4) a una persona con el propósito de guiar esa persona al **arrepentimiento** de sus pecados y a tener **fe** en el Señor Jesucristo... **que acepte a Cristo** como su Salvador personal. En otras palabras el ganador de almas busca que el individuo tenga fe salvadora en Jesucristo. El *evangelismo personal* se distingue de las otras formas de evangelismo como las campañas evangelisticas y el uso de los medios de comunicación de las masas como la radio, la televisión, etc.

EL EVANGELISMO PERSONAL

Jesús manda a sus discípulos, *"... Id por todo el mundo y predicad el evangelio a toda criatura."* Marcos 16:15

El mensaje del ganador de almas es el **evangelio de Jesucristo**. El apóstol Pablo da un resumen breve del evangelio en I Corintios 15:1-4. Los detalles del evangelio y el mensaje de "las buenas nuevas" se presentarán mas adelante. Es absolutamente necesario que el ganador de almas presente la verdad bíblica en cuanto a "la muerte del Señor por nuestros pecados, conforme a las Escrituras, Su sepultura y Su resurrección después de tres días, conforme a las Escrituras. Por ahora enfatizamos que, *ganar almas o el evangelismo personal* es la presentación de la verdad del evangelio de Cristo Jesús con el propósito de lograr la salvación del inconverso.

El evangelismo personal no es buscar que la gente se *"reforme socialmente"*, que *decidan vivir una vida mejor*, que *dejen costumbres malas* como el uso de palabrotas, o tomar, fumar, el uso de las drogas ilícitas, ser infiel al conjugue, etc., o aunque se hagan miembros de una iglesia. El evangelismo personal no es *convencer a una persona que se bautice*. Es cierto que las personas cristianas debemos evitar la practica de las cosas mencionadas, y debemos ser miembros bautizados y activos de una iglesia local, que tiene La **Biblia como la única base de fe y practica**, pero también es cierto que, *dejar las costumbres malas y hacerse miembro de una iglesia*, **no salva a nadie**. El evangelismo personal es la presentación del mensaje del evangelio a la gente inconversa para que ellos acepten a Cristo Jesús como su Salvador personal. Ganar almas es guiar a las personas inconversas a reconocer su necesidad de perdón, de la reconciliación con

Dios y de la salvación. Es lograr, por medio de la presentación del evangelio, que se arrepientan de sus pecados and crean en Cristo (confiar en Cristo) como su Salvador todo-suficiente.

El evangelismo personal es, *una persona,* un <u>*individuo,*</u> presentando la buenas nuevas del evangelio a otra persona, uno-a-uno. Las palabras <u>evangelismo</u> y <u>evangelista</u> tienen su raíz en la misma palabra griega (*evangelion*) que significa *buenas nuevas.* Ganadores de almas (evangelistas) personales anuncian las buenas nuevas… ¡Jesús Salva!

Una Amplificación:

Para poder ganar una persona para Cristo, el ganador de almas tiene que mostrarle al pecador lo que La Biblia dice en cuanto al pecado del hombre, la <u>universalidad</u> del pecado, las <u>consecuencias del pecado</u>, el amor que Dios tiene para los pecadores, y la muerte vicaria de Cristo en la cruz del Calvario.

   A. <u>La realidad y la universalidad del pecado</u> – Romanos 3:23 *"…por cuanto todos pecaron, y están destituidos de la gloria de Dios."*
   B. La <u>pena </u>(la paga o sueldo, lo que el pecador merece) <u>del pecado</u> – Romanos 6:23 *"Porque la paga del pecado es muerte, mas la dadiva de Dios es vida eterna en Cristo Jesús Señor nuestro."*
   C. El <u>amor de Dios</u> mostrado para con el pecador – Romanos 5:8 *"Mas Dios muestra su amor para con nosotros, en que siendo aun pecadores, Cristo murió por nosotros."*
   D. <u>La muerte de Cristo en el lugar del pecador</u> – Isaías 53:5 *"Mas él herido fue por nuestras rebeliones,*

EL EVANGELISMO PERSONAL

    molido por nuestros pecados; el castigo de nuestra paz fue sobre él, por su llaga fuimos nosotros curados."
E. <u>La necesidad de creer en Cristo</u> con el corazón – Romanos 10:9-10. *"… que si confesares con tu boca que Jesús es el Señor, y creyeres en tu corazón que Dios le levanto de los muertos, serás salvo. Porque con el corazón se cree para justicia…"*
F. Con la boca <u>se confiesa</u> – Romanos 10:10 *"pero con la boca se confiesa para salvación."* -- Mateo 10:32 *"A cualquiera, pues, que me confiese delante de los hombres, yo también le confesaré delante de mi Padre que esta en los cielos. Y a cualquiera que me niegue delante de los hombres, yo también le negaré delante de mi Padre que esta en los cielos."*

El ganador de almas presenta la verdad del evangelio al individuo que desea ganar pero reconoce que **solo Cristo puede obrar la convicción del pecado** que es necesario para la salvación en el corazón del pecador. El Espíritu Santo usa la Palabra de Dios para convencer al pecador de la necesidad de la salvación.

"Y cuando él (Espíritu Santo) venga, convencerá al mundo del pecado, de la justicia y de juicio." Juan 16:8

El Espíritu Santo también trae el pecador al punto de decisión y conversión. El pecador creyente se salva por la gracia (favor no merecido) de Dios cuando cree el mensaje del evangelio, o en realidad, el testimonio de Dios referente Su Hijo Jesucristo. (I John 5:9-12). Aunque la salvación es de Dios, El da a los cristianos la <u>responsabilidad</u> de buscar a los inconversos y anunciarles el mensaje de la salvación. Los cristianos debemos <u>orar</u> por los perdidos, debemos <u>explicarles</u> el evangelio e <u>implorarles</u> que acepten a Cristo en forma sincera, de corazón para que puedan tener vida eterna... y eso mientras haya lugar.

El evangelista Americano y ganador de almas, John R Rice, en su libro "El Evangelismo Personal" ("Personal Evangelism") dijo, "Ganar almas significa llevar el evangelio a la gente con tanto poder del Espíritu Santo que ellos acepten a Cristo, nazcan de nuevo, y se convierten en hijos de Dios por la obra de regeneración del Espíritu Santo."

"A lo suyo vino, y los suyos no le recibieron. Mas a todos los que le recibieron, a los que creen en su nombre, les dio potestad de ser hechos hijos de Dios."
Juan 1:11-12

CAPITULO UNO

EL GANADOR DE ALMAS

A. EL GANADOR DE ALMAS DEBE SER SALVO

Sin duda haya habido personas que se han convertido por creer la Palabra de Dios aunque se predicaba por una persona o un predicador inconverso. No es el "creer en el mensajero" que salva a uno, sino el "creer el mensaje". Es la Palabra de Dios que da convicción del pecado, que convence al pecador de su necesidad, que lava al pecador y que lo regenera. Dios ha usado hasta inconversos para publicar Su mensaje, pero es el mensaje que produce la salvación, no el evangelista. Por la gracia de Dios, El nos usa a todos... y eso "a pesar de nuestras faltas". Nadie debe jactarse de haberse convertido, solito, a un pecador. Aun los apostatas pueden usarse para dar el mensaje.

i.e. Ha habido ocasiones reportados por los misioneros pioneros cuando les ha tocado contratar a una persona inconversa como interprete. Era necesario el arreglo aunque no ideal. El misionero no tenía conocimiento del dialecto indígena y no hubo creyentes disponibles. El misionero no pudo asegurase de la interpretación o que el intérprete daba el mensaje verídico. Uno de esos misioneros se fijo que los caníbales comenzaron a juntar leña para un fuego. Al ver que alistaban todo para preparar una comida, sabía que el intérprete no había traducido fielmente su mensaje... ¿o sí?

CAPITULO UNO

Conviene que el ganador de almas tenga conocimiento de Cristo como Salvador personal. En I Corintios 15:1- 4 el apóstol Pablo no solo da el mensaje que él anunciaba, pero también menciona que él y los otros apóstoles tenían conocimiento personal del Señor y Salvador resucitado, el Señor Jesucristo. Pablo era un testigo que pudo hablar de lo que "él había visto".

"Después apareció a Jacobo; después a todos los apóstoles; y al ultimo de todos, como a un abortivo, me apareció a mi."
I Corintios 15:7-8

La palabra (martus) en Hechos 1:8 que se traduce "testigo" significa uno que testifica, aunque le cueste su vida; uno que puede testificar; uno que da testimonio o declara lo que ha visto, lo que ha oído y lo que sabe. El individuo que desea presentar el evangelio a otra persona con la idea de guiar a esa persona a la fe salvadora en Cristo, puede hacerlo mejor o más eficazmente si él o ella ha aceptado personalmente al Señor y ha experimentado personalmente las maravillas de la salvación. Seria perjudicial si una iglesia, un pastor o un misionero enviaran a un inconverso ganar almas, cuando él o ella necesitan más que nada, aceptar al Señor personalmente.

Cosas Que Considerarse:
1. Individuos salvos tienen la percepción espiritual o discernimiento necesario para agradar a Dios. (I Corintios 2:14) Hay que reconocer que los inconversos (el hombre natural de este pasaje) están muertos espiritualmente y carecen el discernimiento que les permite entender y comprender las verdades profundas de la Palabra de Dios. No debemos

esperar que los inconversos comprendan más que las verdades sencillas relacionadas con la salvación.

"Pero el hombre natural no percibe las cosas que son del Espíritu de Dios, porque para él son locura, y no las puede entender, porque han de discernir espiritualmente."

I Corintios 2:14

2. Los salvos tienen al Espíritu Santo en (El mora en ellos) si (I Corintios 6:19): Y pueden gozarse de Su llenura *(ser controlado por El)*. Ser lleno del Espíritu Santo proporciona el poder necesario servir a Dios eficazmente.

"¿O ignoráis que vuestro cuerpo es templo del Espíritu Santo, el cual esta en vosotros, el cual tenéis de Dios, y que sois vuestros?

I Corintios 6:19

"pero recibiréis poder, cuando haya venido sobre vosotros el Espíritu Santo, y me series testigos en Jerusalén, en toda Judea, en Samaria, y hasta lo ultimo de la tierra."

Hechos 1:8

3. Los individuos que son salvos pueden presentar el mensaje del evangelio por experiencia personal y por lo tanto más eficazmente. El medico que no esta dispuesto tomar una medicina, al ser necesario, que él receta para otros no es de confianza. El cocinero que no come lo que él prepara tampoco es de confianza. El individuo que no conoce personalmente a Cristo tampoco.

B. El Ganador de Almas Debe Tener "La Seguridad de La Salvación.

Los inconversos pueden presentar el mensaje del evangelio y guiar a una persona confiar en Cristo como Salvador personal, pero difícilmente podrán guiar al individuo a tener la seguridad total de la salvación... Puede ser imposible que lo logre.

Cuando era joven buscaba ganar las personas para Cristo pero me era difícil. Sabia bien el plan de Dios para la salvación y pude hablar a la gente de la necesidad de recibir a Cristo como Salvador personal, pero no pude hablar a la gente en cuanto la "seguridad de la salvación". Yo había confiando en Cristo como mi Salvador personal pero nadie me había enseñado la Escritura que habla de "estar seguros en la salvación". Me vi frustrado al intentar explicar a la gente arrepentida como tener la seguridad de la salvación; como "saber" con certeza que eran salvos (I Juan 5:13).

En una ocasión visité a una pareja anciana junto con otro joven de la iglesia. Logramos que ellos estuvieron a punto de orar y recibir a Cristo como Salvador, pero ellos no orarían hasta que yo les explicara como era posible para ellos "saber que tenían el perdón y la vida eterna" al recibir a Cristo. Frustrado, les dije, "Pueden preguntarle al pastor mañana al estar en la iglesia". Yo sabia que tenían que hacer para ser salvos pero desafortunadamente no pude guiarles a la seguridad y la certeza. Yo vivía atormentado por la falta de "seguridad". Nadie me había dicho, "Sabemos que somos salvos porque la Escritura dice que si". Al preguntar, "¿Como podemos *saber* que somos salvos?" me diría la

EL EVANGELISMO PERSONAL

gente, "Uno lo sabe porque lo sabe, porque lo sabe". Yo preguntaba una y otra vez, "¿Como puedo saber"? Muchos años pasaron antes de que yo comprendiera que **sabemos** que somos salvos por:

a. <u>**La promesa de Dios**</u>. *"Porque todo aquel que invocare el nombre del Señor, será salvo."* (Romanos 10:13) Dios promete salvar a todos los que invocan Su nombre, a los que le piden que les salve. <u>**Dios siempre cumple Sus promesas... ¡SIEMPRE!**</u>

b. <u>**El testimonio de Dios**</u> referente Su Hijo y los que *tienen a Su Hijo, Jesús*. **Dios testifica que los que tienen a Su Hijo, tienen vida eterna.** *"Y este es el testimonio: Que Dios nos ha dado vida eterna; y esta vida esta en Su Hijo. El que tiene al Hijo, tiene la vida; el que no tiene al Hijo de Dios, no tiene la vida. Estas cosas he escrito a vosotros que creéis en el nombre del Hijo de Dios,* **para que <u>sepáis que tenéis vida eterna</u>**, *y para que creáis en el nombre del Hijo de Dios."* (I Juan 5:11-13) Sencillamente, Dios dice que si hemos recibido o confiado en Cristo Jesús, Su Hijo como nuestro Señor y Salvador, tenemos al Hijo; El que tiene al Hijo tiene también la vida eterna. **No creer el testimonio de Dios es "hacerle a El mentiroso".** (I Juan 5:10) ¿Quien se atreve hacerle a Dios mentiroso? Amigo, ¿Haría usted a Dios mentiroso por no creer Su Palabra o testimonio? Imagino que ¡NO! ¿Ha creído Su testimonio?

c. <u>**El hecho de pasar de muerte a vida**</u> al creer en Cristo como Salvador. *"De cierto, de cierto os digo: El que oye mi palabra, y cree al que me envió, tiene vida eterna; y no vendrá a condenación, mas <u>ha*</u>

CAPITULO UNO

pasado de muerte a vida." (Juan 5:24) Jesús dice que por creer la Palabra del Padre, recibimos vida eterna: **pasamos de muerte** eterna **a vida** eterna. Jesús lo dice. Lo podemos creer. Es la verdad, o para vida o para muerte.

Vivir sin la certeza y la seguridad de la salvación eterna es vivir en miseria. Recibimos gozo, paz y felicidad al reconocer que los cristianos bíblicos son "salvos y seguros". El testimonio de un cristiano que "**sabe** que es salvo y seguro es un testimonio poderoso, más que el testimonio de un cristiano que dice, "Ojala sea salvo". Por gracia (favor de Dios no merecido) somos salvos (Efesios 2:8-9). "Tener fe" es creer lo que Dios dice.

En enero de 1933 se comenzó la construcción del puente "Golden Gate". En esa época se calculaba que por cada $1,000,000,000.00 invertido en la construcción de un proyecto, moriría por lo menos un trabajador. La altura (70 metros) del proyecto arriba de San Francisco Bay (Bahía) era tal que la caída de un trabajador resultaría en una muerte segura. El peligro y el temor de una caída mortal motivaron a los trabajadores proceder con mucho cuidado, pero también muy lentamente. Se iba atrasando, el proyecto de la construcción. El ingeniero encargado, Joseph Strauss, decidió gastar aproximadamente unos $100,000.00 en la construcción de unas redes de seguridad.

Esas redes extendían de ribera a ribera de bajo de la estructura del puente. Ese sistema de redes de seguridad era costoso pero resultó ser una inversión de mucho valor. La seguridad provista por las redes eliminó el peligro y a la vez el temor de los trabajadores. Les permitió a ellos cumplir sus responsabilidades sin temor de una caída que resultaría en la muerte segura. Era necesario multar a algunos trabajadores por saltar del puente y caer en las redes, como diversión. El puente se completó a la hora prevista y el número de trabajadores que murieron era número mínimo. Tener **la seguridad** sirvió de gran ventaja.

Servimos al Señor porque tenemos la seguridad por Su gracia. No le servimos para "tener la seguridad", sino porque la tenemos.

C. El Ganador de Almas Debe Vivir Una Vida Separada.

El pecado no confesado, ni abandonado en la vida de un cristiano, ganador de almas, *"apaga al Espíritu Santo"* (I Tes. 5:19). Cuando el Espíritu Santo se entristece por nosotros, nuestros esfuerzos como ganadores de almas no serán eficaces ni tan fructíferos. Pecado en la vida de un cristiano proporciona al inconverso una excusa porque no recibir a Cristo. El pecador inconverso puede decir, "Soy tan bueno como aquel cristiano carnal, ¿Porque tengo que salvarme?" La vida *santa* (separada, apartada del mundo para Dios) puede usarse por el Espíritu Santo para producir "convicción del pecado" en el corazón del incrédulo. A la misma vez la vida pecaminosa, carnal, no separada de un creyente puede impedir la obra del Espíritu Santo. Lastimosamente muy pocos inconversos, hoy día, sienten convicción fuerte por sus pecados porque ven a creyentes carnales cometer los mismos pecados.

Ejemplo: Un cristiano, cuya ropa apesta del olor de humo de cigarro, que tiene puesta una ropa no modesta, o que habla usando groserías, difícilmente tendrá mucho existo al intentar testificar de Cristo.

"Pero en una casa grande, no solamente hay utensilios de oro y de plata, sino también de madera y de barro; y unos son para usos honrosos, y otros son para usos viles. Así que, si alguno se limpia de estas cosas, será instrumento para honra, santificado, útil al Señor, y dispuesto para toda buena obra."
2 Timoteo 2:20-21

D. El Ganador de Almas Debe Amar Sinceramente A Los Inconversos.

Se ha dicho que la gente no se preocupa por "cuanto sabemos" hasta "saber cuanto les amamos". El ganador de almas no es el personaje céntrico, sino el individuo a quien el ganador de almas busca ganar para Cristo. El ganador de almas se preocupa por el individuo que necesita la salvación y por Cristo, el Salvador. Millones de personas no tienen comprensión de su valor como persona para Dios y para nosotros. Les hace falta saber <u>cuanto Dios les ama</u> y el valor que representan para EL. Deben saber que Dios dio Su Hijo para ellos (Juan 3:16). El amor que tenemos para los inconversos se manifiesta por los esfuerzos nuestros por ganarles para Cristo. ¿Cúal lejos estamos dispuestos viajar y que precio estamos dispuestos pagar por poder ganarlos para Cristo? El amor de Cristo para con nosotros nos constriñe amarle a El pero también nos hace capaces de amar a los inconversos. Pablo lo expresa de esta forma:

"Porque el amor de Cristo nos constriñe, pensando esto: que si uno murió por todos, luego todos murieron; y por todos murió, para que los que viven, ya no vivan para si, sino para aquel que murió y resucitó por ellos... Así que, somos embajadores en nombre de Cristo, como si Dios rogase por medio de nosotros; os rogamos en nombre de Cristo: Reconciliaos con Dios."
2 Corintios 5:14-15, 20

"Verdad digo en Cristo, no miento, y mi conciencia me da testimonio en el Espíritu Santo, que tengo gran tristeza y continuo dolor en mi corazón. Porque deseara yo mismo ser anatema, separado de Cristo, por amor a mis hermanos, los que son mis parientes según la carne; que son israelitas..."
Romanos 9:1-4a

"Hermanos, ciertamente el anhelo de mi corazón, y mi oración a Dios por Israel, es para salvación."
Romanos 10:1

El ganador de almas debe motivarse por su amor para el Señor Jesucristo, pero también por su amor para los inconversos. A veces los perdidos pueden ser no amables y difíciles de amar, pero Cristo los puede amar por medio de nosotros. El nos da la capacidad de amarlos. Si no tenemos cuidado, proyectamos nuestro odio por el pecado a los pecadores. Esta bien odiar el pecado pero no al pecador. **Debemos amar al pecador.** Pasar tiempo con los inconversos nos permite demostrar el amor sincero que tenemos para ellos. Ellos buscan en nosotros y nuestros hechos una confirmación y una demostración de nuestro amor. No hay que amar solo en palabra. El amor se demuestra por acciones. Cristo puede amarlos a ellos por medio de nosotros si le permitimos hacerlo. Cristo nos pone el ejemplo. El nos amó a nosotros siendo aun pecadores y los enemigos de Dios.

"Mas Dios muestra Su amor para con nosotros, en que siendo aun pecadores, Cristo murió por nosotros."
Romanos 5:8

E. El Ganador de Almas Debe Prepararse: Debe Conocer Bien Las Escrituras.

Es muy importante que el ganador de almas tenga conocimiento amplio y practico de Las Escrituras.

"sino santificad a Dios el Señor en vuestros corazones, y estad siempre preparados para presentar defensa con mansedumbre y reverencia ante todo el que os demande razón de la esperanza que hay en vosotros;…"
I Pedro 3:15

Nótese que el creyente debe "estar siempre preparado para presentar una defensa" ante los que demandarían una explicación o razón de la esperanza que hay en ellos. El ganador debe tener <u>conocimiento bíblico práctico</u> para poder contestar las preguntas de los que indagan. Por ejemplo, si alguien pregunta, "¿Como puede uno saber con certeza que es salvo?", el ganador de almas puede contestar con:

"Y este es el testimonio: que Dios nos ha dado vida eterna; y esta vida está en su Hijo. El que tiene al Hijo, tiene la vida; el que no tiene al Hijo de Dios no tiene la vida. Estas cosas os he escrito a vosotros que creéis en el nombre del Hijo de Dios, para que sepáis que tenéis vida eterna, para que creáis en el nombre del Hijo de Dios."

I Juan 5:11-13

Si la persona a quien se da el evangelio dice, "No hay Dios", el ganador de almas puede responder con la verdad del Salmo 14:1. La Escritura declara que es el necio que dice que no hay Dios. Seguramente hay que proceder con cautela si piensa llamarle al pecador un "necio", especialmente si él mide dos metros y pesa 140 kilos. Deje que hablen las Escrituras. Conviene mejor enseñarle al pecador agnóstico *(la persona que cree que puede haber Dios pero no esta seguro)* o al ateo *(la persona que niega con el corazón [no la mente] que hay Dios)* leer Romanos 1:19-32 y Hebreos 11:6.

CAPITULO UNO

*"Pero sin fe es imposible agradar a Dios; porque es necesario que el que se acerca a Dios crea que **le hay**, y que es galardonador de los que le buscan."*

Hebreos 11:6

El pecador, para salvarse o convertirse, tiene que creer que Dios existe y que se agrada de la persona que se acerque a El por fe.

Al hablar con un ateo, no hay que buscar "**probar** la existencia de Dios". Como la gran mayoría de las personas en el mundo aceptan y creen en la existencia de un ser supremo; y como la evidencia esta a favor de Su existencia, es para el incrédulo, el ateo o el agnóstico **probar** que Dios **no** existe. Puede el ganador de almas proponer una hipótesis. Puede preguntar, "Supongamos que sí hay un Dios, ¿Qué habrá de usted que no le reconoce?"

Uno pregunta, "¿Cual es la evidencia a favor de la existencia de Dios?" La Biblia contesta esa pregunta (Romanos 1:20-32). La teología es el estudio de las doctrinas bíblicas. Una de las doctrinas principales tiene que ver con los argumentos a favor de la existencia de Dios. Vale repetirse, "El ganador de almas necesita prepararse bien y poseer un conocimiento practico y amplio de las Escrituras".

Antes de seguir con nuestro estudio, permítanme decir que una persona no necesita saber mucho más que el plan sencillo de la salvación y estar bien seguro de lo que Cristo ha hecho en su vida para dar testimonio de la salvación a otra persona. Aun sin mucho conocimiento bíblico uno puede, "decir como Cristo le salvó". Acuérdese del testimonio potente de John Newton, el pecador infeliz.

Si embargo es deseable que el ganador de almas posea un conocimiento amplio de las Escrituras. El ganador de almas que puede dar una **respuesta bíblica** ante las preguntas y dudas del incrédulo, seguramente verá más fruto… normalmente. Hay que recordar que Dios bendice Su Palabra. La **fe que salva** se produce por, "el oír, y el oír por la **Palabra de Dios**".

"Así que la fe es por el oír, y el oír, por la palabra de Dios."
Romanos 10:17

Aprovecho para decir que "tener conocimiento de la Biblia" no es, en si, suficiente. La Escritura debe ponerse por obra diariamente. No es suficiente solo "hablar" la Escritura; Hay que "vivir" la Escritura. Hay que practicar lo que predicamos.

"Porque vivimos en un mundo que constantemente cambia, tenemos que cambiar o adaptar también el mensaje del evangelio", dicen algunos. Según ellos, "La iglesia tiene que ser flexible". "La iglesia tiene que hacer ajustes para acomodar el evangelio al mundo moderno", sugieren ellos. Ciertamente lo bíblico se distingue de lo que es puramente cultural. Los métodos de evangelismo pueden modificarse, pero el mensaje del evangelio es absoluto e inmutable.

La Biblia no cambia. El mensaje del evangelio de Cristo Jesús será siempre igual, aunque el Señor no regrese durante mil años... durante diez mil años.

El Señor Jesucristo vino a buscar y a salvar lo que se había perdido... a los pecadores (Lucas 19:10) Cristo vino a salvar de los tormentos del lago de fuego. No vino Cristo para dirigir una revolución para librar a los que sufren la opresión social o política, así como sugieren los discípulos de la teología de liberación. No vino solo para aumentar "el nivel de vida", sino para dar vida... vida eterna

F. El Ganador de Almas Debe Ser Lleno del Espíritu Santo.

1. El Espíritu Santo mora en todos los creyentes.

   "¿O ignoráis que vuestro cuerpo es templo del Espíritu Santo, el cual esta en vosotros, el cual tenéis de Dios, y que no sois vuestros? Porque habéis sido comprados por precio; glorificad, pues, a Dios en vuestro cuerpo y en vuestro espíritu, los cuales son de Dios."

   I Corintios 6:19-20

   El creyente:
   a. Se ha <u>redimido</u>..."ha sido comprador por precio"...por la sangre de Cristo.

b. El Espíritu Santo <u>reside</u> en el creyente... "el cual esta en vosotros"...
c. Tiene la <u>responsabilidad</u> de glorificar a Dios.

"Mas vosotros no vivís según la carne, sino según el Espíritu, si es que el Espíritu de Dios mora en vosotros. Y si alguno no tiene el Espíritu de Cristo, no es de él.
Romanos 8:9

2. Todo creyente se ha bautizado por el Espíritu Santo en el cuerpo de Cristo. Esta es la enseñanza de la Escritura. Este bautismo es el **bautismo del Espíritu Santo**, bíblicamente. Hay que ver Romanos 6:3-6 y Mateo 3:11.

"Porque por un solo Espíritu fuimos todos bautizados en un cuerpo..."
I Corintios 12:13

3. No todos los creyentes son "llenos del Espíritu Santo". Ni aun los que "son llenos del Espíritu Santo" lo son todo el tiempo. Aunque todos los creyentes han sido sumergidos en el cuerpo de Cristo por el bautismo del Espíritu Santo, no todos han experimentado la "llenura del Espíritu Santo". El Espíritu Santo nos sumerge en el cuerpo de Cristo cuando aceptemos a Cristo. Experimentamos la llenura del Espíritu cuando nos sometamos a Su control, conforme a la Escritura. El Espíritu Santo no habla de Sí mismo, ni se

exalta.   El Espíritu Santo siempre busca exaltar a Cristo.

      a. Cristo nos manda "ser llenos del Espíritu". Pablo escribe:

"No os embriaguéis con vino, en lo cual hay disolución; antes bien sed llenos del Espíritu..."
Efesios 5:18

La expresión "sed llenos del Espíritu" tiene el significado de "ser llenándose continuamente" o de ser controlado continuamente por el Espíritu Santo. Hay bastante confusión causado por algunas personas que no entienden que el "bautismo del Espíritu Santo" (I Corintios 12:13) y la "llenura del espíritu Santo" son dos cosas distintas. **Ser lleno del Espíritu significa controlarse por El conforme a las Escrituras.** El solo controla (llena) al creyente obediente a la voluntad de Dios definida en la Palabra de Dios... al creyente que se somete a El. Si el creyente se somete a El, en obediencia a la Palabra de Dios, el Espíritu puede llenar (controlar) y dar poder (Hechos 1:8) para que sirva al Señor y para que dé testimonio de Cristo... para que gane almas.

El cristiano que espera ganar almas necesita el poder y la obra del Espíritu Santo en su vida y testimonio. El cristiano puede **"apagar al Espíritu Santo** (I Tesalonicenses 5:19). "Apagar al Espíritu, significa "impedir" Su obra o hasta causar que deje Su obra en el corazón y la vida de un individuo. El Espíritu Santo puede **"entristecerse".**   El se entristece cuando haya
pecado no confesado o abandonado en la vida del creyente... cuando el creyente no "se ha despojado de la pasada manera

de vivir" (Efesios 4:22). El Apóstol Pablo, inspirado por el Espíritu Santo, dice que los cristianos debemos "despojarnos del viejo hombre", "ser renovados en el espíritu", y "quitar de nosotros" ciertas cosas (Efesios 4:22-32), y así presentarnos al Espíritu para que nos controle. Debemos evitar cualquiera y toda cosa que impida al Espíritu usarnos en la ganancia de almas.

      b. La **evidencia primordial** de la llenura del Espíritu Santo, de acuerdo con Hechos 1:8, es **"poder" para ser testigos para Cristo Jesús.** El ganador de almas necesita, en manera absoluta, ese poder.

*"...pero recibiréis **poder**, cuando haya venido sobre vosotros el Espíritu Santo, y **me seréis testigos** en Jerusalén, en toda Judea, en Samaria, y hasta lo ultimo de la tierra."* Hechos 1:8

El individuo que es estudiante sincero y libre de ideas preconcebidas puede conocer la verdad bíblica... sencilla y no adulterada. El Señor Jesucristo derramó el Espíritu Santo sobre Sus discípulos en el día de Pentecostés, para que El tomara morada en ellos y también para darles poder ser testigos eficaces de El. El Espíritu Santo "les llenó" (Hechos 2:4) a los discípulos y les dio poder "hablar en otras lenguas"; lenguas (idiomas) que previamente no habían estudiado o aprendido. Esas lenguas (idiomas) eran lenguas "desconocidas" para ellos. El don de poder hablar en "otras lenguas" o hablar **idiomas no aprendidas**, se dio a los discípulos para que las gentes de dieciséis lugares diferentes del mundo, pudieran oír el mensaje del evangelio de Cristo en su propio idioma. El Espíritu Santo obró ese milagro, no para que los discípulos pudieran jactarse diciendo, "Yo tengo el don de lenguas", sino para que unas almas perdidas pudieran salvarse de la condenación eterna. ¡Gloria a Dios y al Cordero! tres mil personas aceptaron a Cristo como Salvador y le siguieron en el bautismo bíblico de creyentes. El testimonio de la Escritura es:

"Y fueron todos llenos del Espíritu Santo, y comenzaron a hablar en otras lenguas, según el Espíritu les daba que hablasen. Moraban entonces en Jerusalén judíos, varones piadosos, de todas las naciones bajo el cielo… ¿Cómo, pues les oímos nosotros hablar cada uno en nuestra lengua en la que hemos nacido?"

Hechos 2:4

En Hechos 4:31- 32a leemos,

"Cuando hubieron orado, el lugar (el lugar temblaba, no ellos) *en que estaban congregados tembló; y todos fueron llenos del Espíritu Santo, y hablaban con denuedo la palabra de Dios."*

Nótese: Otra vez, todos fueron "llenos del Espíritu Santo", pero a pesar de ser llenos, no hablaron en lenguas desconocidas. **Sí hablaron** (dieron testimonio) **la Palabra de Dios con denuedo.**

    c. Solo el Espíritu Santo puede hacer la obra necesaria de convencer al pecador de su pecado y traerle a Cristo. Cristo dice referente la obra de "traer a los pecadores a Cristo" del Espíritu Santo:

*"Ninguno puede venir a mí, si el Padre que me envió no le **trajere**; y yo le resucitaré en el día postrero."*

Juan 6:44

¿Que es eso de ser "traído por el Padre" que se menciona en el evangelio de Juan?

Es la obra poderosa del Espíritu Santo en el corazón del pecador, él que se cree justo por sus propios meritos o el pecador indiferente en cuanto a su pecado o injusticia. Es la obra del Espíritu convencer al pecador de haber ofendido al Dios santo y justo, y de su condición de perdido. Aprovechándonos del significado de la palabra "reprender" en Mateo 18:15, es el Espíritu Santo señalando, al pecador, sus faltas y pecado con la idea de atraerle al Señor Jesucristo. Solo el Espíritu Santo puede **despertar** en el corazón del inconverso el reconocimiento de su inhabilidad absoluta en cuanto a salvarse a si mismo. Solo El puede lograr que el pecador **reconozca su necesidad de Cristo** como Salvador.

¿Puede una persona salvarse sin que "le atraiga el Padre" y sin convencerse de su pecado por obra del Espíritu Santo? De acuerdo con lo dicho por Cristo en Juan 6:44 la respuesta es "¡NO!".

Nos engañamos si creemos que una persona puede salvarse sin la obra del Espíritu Santo. Le hago una pregunta, ¿Que es lo que le motivó a usted aceptar a Cristo? Probablemente fue la misma cosa que me motivó a mí. Yo sentía en mi corazón la convicción de mis pecados. Esa convicción se produjo por la predicación de la Palabra de Dios. Yo sabía que era un pecador merecedor del castigo eterno en las llamas del infierno. Sabia que me hacia falta el perdón de mis pecados; el perdón que solo Cristo pudo darme. Sabía en mi corazón que yo era persona condenada (Juan 3:18). El Espíritu de Dios, usando la Palabra de Dios me atraía. La única esperanza de salvarme del lago de fuego era Cristo. El Espíritu de Dios obró eso en mi... y en usted. **Nos trajo a Cristo.**

En Juan 16 leemos,

"Pero yo os digo la verdad: Os conviene que yo me vaya; porque si no me fuera, El Consolador

*no vendría a vosotros; mas si me fuere, os lo enviaré. Y cuando él venga, **convencerá al mundo del pecado**, de justicia y de juicio."*

Juan 16:7-8

En este pasaje hay referencia al Espíritu Santo y El es llamado "el Consolador". El Señor Jesucristo, diez días después de ascenderse al cielo, envió al Espíritu Santo para "**convencer** (reprender o señalar) **al mundo del pecado**" (Hechos 1:11). Esa convicción en cuanto al pecado es la única cosa que puede producir el verdadero arrepentimiento en el corazón del inconverso. No hay conversión verdadera si no hay esa convicción del pecado en el corazón.

El Apóstol Pablo enseña en 2 Corintios que hay una tristeza que es según Dios que produce arrepentimiento para salvación. La tristeza del mundo produce muerte. Esa tristeza del mundo se reconoce fácilmente. Es evidente en muchos criminales cuando ellos expresan su "tristeza" y remordimiento por sus delitos. La manera en que lo expresan revela su culpa. En verdad solo se sienten tristes por que fueron descubiertos y capturados en su crimen. En contraste, la tristeza que es según Dios, la producida por la aplicación de la Palabra de Dios al corazón del pecador por el Espíritu Santo, es una tristeza que produce arrepentimiento. Arrepentimiento bíblico es **"un cambio de la mente"** o actitud que resulta en un **cambio de dirección**.

CAPITULO UNO

"Ahora me gozo, no porque hayáis sido contristados, sino porque fuisteis contristados para arrepentimiento; porque habéis sido contristados según Dios, para que ninguna perdida padecieseis por nuestra parte. Porque la tristeza que es según Dios produce arrepentimiento para salvación, de que no hay que arrepentirse; pero la tristeza del mundo produce muerte. Porque he aquí, esto mismo de que hayáis sido contristados según Dios, ¡que solicitud produjo en vosotros…"

I Corintios 7:9-11a

Puede ser que el lector crea que hemos dedicado demasiado tiempo a este asunto, pero hay que comprender que cualquiera decisión de recibir a Cristo como Salvador que no es el resultado de la convicción del pecado y una tristeza que es según Dios, bien puede ser una decisión falsa y no genuina. Cuando el Espíritu Santo produzca la convicción y una tristeza según Dios en cuanto al pecado, en el corazón de la persona a quien testificamos, hay mayor posibilidad de que la persona busque a Cristo para el perdón del pecado y la salvación.

El ganador de almas debe permitirle al Espíritu Santo obrar la convicción, el arrepentimiento y la fe en el corazón del inconverso. El ganador de almas debe **orar** porque obre El por medio de su testimonio.

Debe ser nuestro **deseo que haga la obra** que solo El puede hacer en el pecador.

    d. El Espíritu Santo dirige al ganador de almas.
    1. Pablo en Hechos 16:9-10.

"Y se le mostró a Pablo una visión de noche: un varón macedonio estaba en pie, rogándole y diciendo: Pasa a Macedonia y ayúdenos. Cuando vio la visión, en seguida procuramos partir para Macedonia, dando por cierto que Dios nos llamaba para que anunciásemos el evangelio."

Pablo y los otros miembros de su equipo misionero <u>se dirigieron al lugar y a la gente a que debían predicar el evangelio.</u> El Espíritu Santo nos dirigirá también si somos sensibles a Su dirección y voluntad. El ha de saber que nosotros le obedeceremos.

    2. Felipe y el etíope en Hechos 8:26-39.

En el versículo 29 la Escritura dice, "Y el Espíritu dijo a Felipe: Acércate y júntate a ese carro."

<u>Felipe fue dirigido por el Espíritu</u> a acercarse al etíope. Dios había preparado el corazón del eunuco. El eunuco leía del libro del profeta Isaías. El pasaje que leía era del capitulo 53, los versículos 7 y 8. Felipe

CAPITULO UNO

salió como ganador de almas y ganó un alma donde la Palabra de Dios se había **sembrado**. Otra vez en el versículo 39 la Escritura dice que el Espíritu arrebató a Felipe.

Al orar en preparación para las actividades del evangelismo personal, pídale al Espíritu Santo que le dé **poder** y **que le dirija a la gente** que tiene sed por el evangelio de Cristo. Todos los cristianos deben **sembrar** la semilla del evangelio, algunos **riegan** y algunos tenemos la oportunidad de **cosechar.** Si sembramos y regamos puede ser que demos a otro el privilegio de recoger una buena cosecha.

En 2007 fue mi privilegio salir con el Pastor de La Iglesia Bautista de Fe" para hacer una visita evangelistica. Una maestra de la escuela primaria de la Iglesia había visitado en el hogar de una alumna. La maestra conoció a los padres de la alumna y aunque su propósito era hacer una visita breve en el hogar, e invitarles a los cultos de la Iglesia, ella paso un buen rato con ellos buscando contestar preguntas que tuvieron en cuanto a La Biblia. Ella sembró bastante semilla bíblica esa tarde. El Espíritu Santo bendijo la Palabra sembrada y creó en el corazón de los padres de la alumna una sed profunda. Deseaban saber más del evangelio. Al llegar el Pastor y su servidor hallamos una puerta abierta al hogar pero también para presentar con más detalles el evangelio del Señor Jesucristo. No tardo mucho el Pastor en presentarles el mensaje de la salvación. El papá de la niña oró con ánimo y aceptó a Cristo como Salvador. La mamá ya antes había aceptado a Cristo en su corazón. Era muy emocionante ver como el Señor había obrado por el Espíritu Santo y la Palabra sembrada para traer ese hombre al punto de recibir a Cristo como Salvador.

Nótese: Es de suma importancia usar la Escritura cuando dé el evangelio. Aunque el ganador de almas tenga que dejar el individuo, el Espíritu Santo puede continuar Su obra y aplicar las Escritura al corazón del inconverso. **El Espíritu Santo y la Escritura permanecen como testigos 24/7**

Los recursos mas valiosos que tiene el ganador de almas son la Palabra de Dios, La Santa Biblia, y el Espíritu Santo. Todas nuestras estrategias, nuestros métodos, nuestros planes, programas y nuestros esfuerzos mayores, todos serán cosas vanas si no obra el Espíritu Santo. Cuando vayamos con confianza en Su Palabra y en el Espíritu Santo tendremos Sus bendiciones.

CAPITULO DOS
INDIVIDUOS GANANDO INDIVIDUOS

A. <u>Todo Cristiano</u>: Un Ganador de Almas –
Un Mandamiento Bíblico

"Y les dijo: Id por todo el mundo y predicad el evangelio a toda criatura."

Marcos 16:15

Aparentemente hay muchos cristianos que no participan en la ganancia de almas o el evangelismo personal. Se ha sugerido que hasta el 95% de todos los cristianos en Norte América no ganarán a ni una persona para Cristo en toda su vida. Si es así, entonces 95% de los cristianos en Norte América pierden la voluntad de Dios para ellos. Obviamente esos cristianos no consideran La Biblia y lo que ellos supuestamente creen en cuanto a La Biblia suficientemente relativo o significante para compartirlo con otros. Para esas personas las "buenas nuevas" del evangelio de Cristo Jesús no son buenas nuevas en verdad. Son nuevas pero no dignas de compartirse… para ellos, por lo menos.

Es posible que algunos cristianos hayan aceptado la filosofía del mundo. Algunos dicen que hablar de la religión o de la fe de uno es prohibido. Hay inconversos que evitan hablar de la necesidad espiritual, personal que tienen, o de las debilidades y contradicciones de sus creencias religiosas, y su pretexto es que la religión es una cosa muy personal. Dicen que es algo tan personal que no debe discutirse con otros. ¿Han de aceptar esta filosofía mundana los cristianos

EL EVANGELISMO PERSONAL

o han de ser obedientes al Señor? Cristo dijo, "Id y predicad el evangelio a toda criatura." La respuesta...

Los cristianos hemos de <u>seguir</u> y <u>obedecer</u> a Cristo Jesús nuestro Salvador y Señor. Todos **los cristianos deben participar en <u>el evangelismo personal</u>** y del evangelismo del mundo entero... del evangelismo de cada individuo.

La Gran Comisión de Cristo para la iglesia es que se predique el evangelio a toda criatura. Aunque todo predicador goza de las oportunidades de predicar a grandes multitudes y de ver grandes números de personas aceptar a Cristo como Salvador personal, la manera de compartir el evangelio más notable en La Biblia es el evangelismo personal. No mucho después de bautizarse el Señor Jesucristo por Juan Bautista, El ganó a Andrés. Andrés, luego halló y ganó a su hermano Simón Pedro. Más tarde, Jesús halló y ganó a Felipe. Entonces Felipe ganó a Nataniel. Vemos individuos ganando a individuos.

"Andrés, hermano de Simón Pedro, era uno de los dos que habían oído a Juan, y habían seguido a Jesús. Este halló primero a su hermano Simón, y le dijo: Hemos hallado al Mesías (que traducido es, el Cristo). Y le trajo a Jesús. Y mirándole Jesús le dijo: Tus eres Simón, hijo de Jonás; tu serás llamado Cefas (que quiere decir, Pedro). El siguiente día quiso Jesús ir a Galilea, y halló a Felipe, y le dijo: Sígueme... Felipe halló a Nataniel, y le dijo: Hemos hallado a aquel de quien escribió Moisés en la ley, así como los profetas: a Jesús, el hijo de José, de Nazaret."
Juan 1:40-43, 45.

CAPITULO DOS

No todos los cristianos tienen **"llamamiento** de Dios a predicar". El llamamiento de Dios para predicar no es solo la preparación de mensajes, la exposición o explicación de pasajes bíblicos, ni es solo presentar un mensaje bien "bosquejado" a una congregación: el llamamiento de Dios tiene que ver, mayormente, con la ganancia de almas – el rescatar las almas del infierno. Las tareas notables y reconocidas del predicador son de suma importancia, pero no debe olvidarse nunca que el predicador debe ser, ante todo, un "ganador de almas". El predicador, llamado por Dios, debe practicar el evangelismo personal, primero, porque es la voluntad de Dios, pero también para poner ejemplo delante de las personas creyentes a quienes él predica. Que triste cuando los "evangelistas y pastores" nunca salen a ganar almas uno-a-uno. Aunque no todos los cristianos tienen el llamamiento de Dios predicar como el evangelista, el pastor o el misionero, **todos los cristianos tienen el llamamiento de Dios ser un "testigo" para Cristo.** Si todos los cristianos se dedicaran al "evangelismo personal" seria posible dar el evangelio en casi todo el mundo.

"Y Jesús se acercó y les habló diciendo: Toda potestad me es dada en el cielo y en la tierra. Por tanto, id, y haced discípulos a todas las naciones, y bautizándolos en el nombre del Padre, y del Hijo, y del Espíritu Santo; enseñándoles que guarden todas las cosas que os he mandado; y he aquí yo estoy con vosotros todos los días, hasta el fin del mundo. Amen."

Mateo 28:18-20

Entiendo, por estas palabras del Señor, que **"yendo"**, debemos hacer discípulos de todas las naciones o grupos étnicos por enseñarles todas las cosas que EL nos ha mandado. Debemos "ganar la persona para Cristo" y luego dar la enseñanza del "seguimiento" o "hacer discípulos". Todo comienza con la conversión del individuo.

Al nuevo creyente hay que darle la enseñanza necesaria para que sea un "discípulo del Señor" en verdad. La voluntad de Cristo, para el nuevo creyente, comienza con el bautismo bíblico, por sumersión en agua, en el nombre del Padre, y del Hijo, y del Espíritu Santo. Por el bautismo, el creyente se identifica con Cristo en Su muerte, Su sepultura, y Su resurrección. Las lecciones del "discipulado" incluyen las verdades bíblicas básicas y fundamentales, necesarias para el crecimiento spiritual. Una de las lecciones toca el tema "Como Ganar Almas". Pablo delinea el proceso en Efesios 4:11-13.

"Y él mismo constituyó a unos, apóstoles; a otros, profetas; a otros, evangelistas; a otros, pastores y maestros, a fin de perfeccionar a los santos (creyentes) para la obra del ministerio, para la edificación del cuerpo de Cristo, hasta que todos lleguemos a la unidad de la fe y del conocimiento del Hijo de Dios, a un varón perfecto, a la medida de la estatura de la plenitud de Cristo; para que ya no seamos niños fluctuantes, llevados por doquiera de todo viento de doctrina, por estratagema de hombres que para engañar emplean con astucia las artimañas del error, sino siguiendo la verdad en amor, crezcamos en todo en aquel que es la cabeza, esto es, Cristo..."

Efesios 4:11-15

En el sentido más **"estricto"** no hay apóstoles hoy día. No hay nadie actualmente que llena los requisitos puestos para apóstoles en Hechos 1:21-22. En un sentido más amplio, todos los cristianos somos apóstoles. La definición **amplia** del un apóstol es de aquel que "**es enviado con un mensaje**". Cristo manda a todos los cristianos "ir con el mensaje del evangelio". Si aceptamos la enseñanza de Hebreos 1:1-2 no hay apóstoles hoy día, en el sentido "estricto" porque nadie hoy día recibe nuevas revelaciones que forman parte de la Palabra de Dios. Los Apóstoles recibieron la Palabra revelada de Dios y la apuntaron en los libros del Nuevo Testamento. Ahora, Dios nos habla por Su Palabra, La Santa Biblia.

En el sentido "**estricto**", tampoco hay profetas actualmente. Dios, "*en otros tiempos*" [Hebreos 1:1-2] revelaba verdades anteriormente desconocidas, a los profetas. Otra parte del oficio del profeta era la "proclamación" de la verdad revelada. Esa parte, la proclamación de la verdad", si nos toca a nosotros. En ese sentido, más amplio, nos podemos considerar profetas. Es para nosotros como cristianos proclamar la verdad del evangelio. <u>Todo cristiano debe proclamar el mensaje de la salvación por la gracia de Dios, por fe en Cristo Jesús.</u>

Aunque en el sentido estricto o de definición limitada no hay, actualmente, apóstoles y profetas, sí hay evangelistas. La responsabilidad o el papel que jugaba el evangelista del Nuevo Testamento es la que tiene el **misionero moderno**. Bíblicamente el evangelista proclama las buenas nuevas del evangelio de Señor Jesucristo donde no se ha proclamado. El evangelista bíblico tiene la tarea de evangelizar a los que no han oído el evangelio del Señor.

Siguiendo al **evangelista**, en la lista en Efesios 4, tenemos a los "**pastores y maestros**". Estos siervos de Dios toman su lugar siguiendo al evangelista o al misionero y son la provisión de Dios para que Sus "ovejas" tengan quien los "apaciente y enseñe". Los siervos capacitados por Dios, mencionados en la lista, se han dado a las Iglesias para los propósitos de: **a)** ganar almas; **b)** enseñar y edificar o "perfeccionar" a los santos; **c)** para que hagan la obra del ministerio (versículo 12). Supuestamente, la gente se gana para Cristo, se enseña con el propósito de que vayan madurándose en el Señor. A la vez que el nuevo creyente vaya logrando el conocimiento práctico de la Escritura, ha de tomar su lugar en la mies del Señor y el ministerio de la iglesia. El creyente ha de experimentar la edificación y madurez espiritual como resultado del aumento del conocimiento bíblico y el ejercicio espiritual. La iglesia que tiene miembros edificados espiritualmente también ha de experimentar la edificación o el crecimiento numérico. No es la voluntad de Dios que los pastores hagan toda "la obra del ministerio". Es la voluntad de Dios que todos los cristianos participen. **Ganar almas es la responsabilidad de todos los cristianos. Hacer discípulos es también la responsabilidad de todos los cristianos.**

No todos los cristianos pueden predicar como el pastor, evangelista o el misionero. La Biblia no da lugar a que las mujeres prediquen. Pablo, inspirado por Dios, dice, "Porque no permito a la mujer enseñar, ni ejercer dominio sobre el hombre"... en cuanto a doctrina (I Timoteo 2:12). Pablo menciona eso en I Corintios 14:34-35. A pesar de estas restricciones en cuanto a predicar o enseñar a los hombres, no hay limitación semejante en cuanto a la ganancia de almas o el evangelismo personal por las mujeres.

CAPITULO DOS

Algunas personas no pueden predicar, pastorear o servir como misioneros porque no llenan los requisitos bíblicos de I Timoteo 3:1-7 o Tito 1:6-9, pero todo cristiano puede participar en el evangelismo personal.

Un hombre llamado Bob Gilliam hizo una encuesta en unas iglesias evangélicas en EE.UU. Por la encuesta se supo que la mayoría de las iglesias solo tenían 1.7 convertidos, en el año, por cada 100 miembros en asistencia. Esas iglesias son iglesias que supuestamente predican el evangelio (la palabra griega *evangelion* que se traduce *evangelio* en Romanos 1:16) de Cristo. Desafortunadamente un gran numero de iglesias fundamentales y aun bautistas tienen el mismo promedio de "convertidos" en el año. ¿Porque es así? En parte, es porque muchos cristianos fallen en cuanto a ganar las almas para Cristo. La verdad es que "iglesias" no ganan almas; **los miembros individuales ganan almas.**

Todos los cristianos, hombres, mujeres, jóvenes, y aun los niños pueden participar en el evangelismo personal.

CAPITULO TRES

LA IMPORTANCIA DEL EVANGELISMO PERSONAL

A veces se asigna a las ultimas palabras de un a persona moribunda gran importancia. Se supone que aun una persona impiadosa habla la verdad en los momentos antes de morir. ¿Quién sabe sí es cierto o no? A pesar de las dudas que puede haber, hay evidencia suficiente de que **las ultimas palabras** de un individuo revelan lo profundo de su corazón y **lo que es de mayor importancia para él o ella.**

Dicho eso, sugiero que las enseñanzas que el Señor Jesús dio a sus discípulos durante el intervalo de 40 días entre Su muerte, Su sepultura, Su resurrección y el tiempo de Su ascensión al cielo, revelan Su corazón y lo que era de mayor importancia para El... que ellos dieren testimonio de El ante un mundo perdido. Sin duda hubo cuestiones y asuntos que ellos hubieren querido discutir con El, pero Cristo aprovecho el tiempo para dejar claro Su voluntad y comisión.

"pero recibiréis poder, cuando haya venido sobre vosotros el Espíritu Santo, y me series testigos en Jerusalén, en toda Judea, en Samaria, y hasta lo último de la tierra."
Hechos 1:8

El Señor Jesucristo es todo para nosotros. El es nuestra suficiencia pero también es el **Capitán de nuestra fe**. Las instrucciones finales de El, antes de ascenderse al cielo y tomar Su lugar a la diestra del Padre, y comenzar a interceder por nosotros, son; que seamos "testigos para El en todo el mundo"... que busquemos evangelizar al mundo entero.

Hace varios años tuve el privilegio de participar en una conferencia de misioneros en Canton, Carolina del Norte. Allí conocimos a un misionero ganador de almas. El hermano Bob Garrett y su familia habían servido fielmente en Columbia, Sur América. Dios les había usado para establecer unas Iglesias en ese país. El hermano predicó un mensaje dinámico y poderoso sobre misiones. En el mensaje usó como ilustración la historia de un soldado japonés llamado Hiroo Onoda.

El Teniente Onoda había recibido entrenamiento especial para que peleara como guerrillero. Le enviaron a servir en la isla Lubang, una de las islas de las islas Pilipinas. Es un hecho histórico que miles de soldados japoneses se rindieron o que se suicidaron. Las ordenes que recibió el Teniente Onoda de sus comandantes, decían que no se suicidara, nunca. Le dijeron, "Puede ser que tardemos tres años o hasta cinco, pero pase lo que pase, regresaremos para usted. Para mientras, si solo tiene un soldado que mandar, hay que guiarlo. Puede ser necesario comer cocos para mantenerse vivo. ¡Hágalo! Nunca, bajo ninguna circunstancia, debe rendirse o permitir que se le quiten la vida sin una lucha."
("No Surrender, My Thirty Year War" by Hiroo Onoda, Publicado por Kodansha International Ltd, Tokyo)

El Teniente Onoda persistió en obedecer las órdenes que había recibido y siguió peleando por la causa japonés durante 30 años, aun después de terminarse la guerra. Durante todos esos años evitó capturarse y rehusó rendirse. Finalmente en el año 1974, porque el Mayor Taniguchi le mando hacerlo, se rindió y entregó sus armas. Mas tarde, el Teniente Onoda dijo que él hubiera seguido la lucha si no hubiera recibido nuevas ordenes de desistir.

No hay en la Escritura pasaje que diga que nuestro Capitán nos haya mandado desistir o que nos haya mandado dejar de serle testigos o de hacer el evangelismo personal.   ¿Cuántos cristianos hay que no tienen deseo obedecerle al Señor, el Comandante de nuestra fe, en cuanto a ganar almas?   Cuántos más no le sirven a Cristo porque no les es "conveniente".   Otros se han capturado por el enemigo o se han *"enredados en los negocios de la vida de tal forma que no pueden agradar a aquel que los tomó por soldado".*   Otros no tienen tiempo o lugar para el evangelismo personal.

La orden de Cristo nuestro Capitán, es que todo creyente sea un testigo para El… un ganador de almas. Cuando el cristiano le obedece a Cristo, el Padre en el cielo es glorificado.   **El motivo primario para nosotros, en todo, debe ser "glorificar al Padre".**

Además de la **voluntad de Cristo** y **Su mandato**, tenemos la **condición del inconverso.**   Los que mueren sin Cristo como Salvador pagarán por sus pecados en las llamas del infierno. Los incrédulos recibirán "la paga" del pecado.

"…por cuanto todos pecaron, y están destituidos de la gloria de Dios".

Romanos 3:23

Estas palabras significan que todos hemos pecado y por lo tanto carecemos de la perfección (sin pecado) de Cristo... quien es "la gloria del cielo.

"Porque la paga del pecado es muerte..."

Romanos 6:23a

Todos los pecadores merecemos la muerte, la muerte física y la muerte spiritual... la muerte segunda.

Cuan horrible es **la condición de los incrédulos.** ¿Cuantas veces pensamos en los tormentos que sufrirán los que mueren sin Cristo?

"Y la muerte y el Hades fueron lanzados al lago de fuego. Esta es la muerte segunda. Y el que no se halló inscrito en el libro de la vida fue lanzado al lago de fuego."

Apocalipsis 20:14-15

"Pero los cobardes e incrédulos, los abominables y homicidas, los fornicarios y hechiceros, los idólatras y todos los mentirosos tendrán su parte en el lago que arde con fuego y azufre, que es la muerte segunda."

Apocalipsis 21:8

Los creyentes debemos recordarnos frecuentemente del destino de los incrédulos y siempre buscar testificarlos... y rescatarlos.

"...porque todo aquel que invocare el nombre del Señor será salvo."

Romanos 10:13

"¿Cómo, pues, invocarán a aquel en el cual no han creído? ¿Y cómo creerán en aquel de quien no han oído? ¿Y cómo oirán sin haber quien les predique?"

Romanos 10:14

Pablo expresa el dilema usando palabras muy sencillas. La gente no creerá en Cristo si no han oído de El. No pueden creer si no han oído de El y de Su gracia salvadora. Ellos (los inconversos) no oirán de El si nosotros no le obedecemos y testificamos de El. Nuestra obediencia o nuestra falta de obediencia pueden ser los factores determinantes en cuanto al destino eterno de los que viven en nuestro "campo misionero"... nuestra vecindad.

Una y otra vez vemos, en el Antiguo Testamento, al pueblo de Dios condenado. En el libro de Ester (Ester 3:13-4:16) los vemos condenados por decreto de Asuero. Un enemigo de los judíos logró, por artimañas, que Asuero firmara el decreto. Ester, siendo la reina, *"había llegado al reino"* para interceder por los judíos. Aunque Ester corrió gran riesgo, ella se sometió a la voluntad de Dios y apeló a Asuero. Dios la usó para rescatar a su pueblo de la condenación segura. Aunque vivía "en el palacio del rey" no vivía aislado e indiferente a la condición de la gente. Ella entendió que Dios la tenía precisamente para rescatar a los condenados.

En 2 Reyes 7:1-15 se relata la historia de cuatro hombres leprosos. En los cuatro hombres condenados por la lepra, vemos un cuadro o una semejanza que llamamos un "tipo bíblico" de los hombres condenados... la gente inconversa. Los cuatro fueron condenados a una muerte segura por la lepra, algo que representa (o como decimos es un "tipo bíblico" del pecado) la condición del pecador. (Entiéndame, no digo que la lepra es una forma o clase de pecado, sino que la lepra puede usarse para ilustrar la condición del pecador.) **El pecado, como la lepra, condena.**

Además, esos hombres eran condenados a muerte por el hambre que hubo en la ciudad. El hambre física que sufrían era semejante al **hambre espiritual** que sufren los inconversos. El hambre espiritual solo puede quitarse por el "Pan de Vida", el Señor Jesucristo. El pecador que no recibe a Cristo, el "Pan de Vida" muere eternamente e irremisiblemente. Los leprosos también eran condenados por la gente de la ciudad (**la sociedad**). Los hambrientos en la ciudad los hubieran matado si hubieran intentado entrar en la ciudad... y comer algo de la poca comida que había.

Así también la gente de "la sociedad del mundo" odia a Dios y a Jesucristo. Seguir a la "sociedad" o a la gente de este mundo lleva a la condenación. El mundo solo a si mismo ama. Si dejamos a los inconversos al mundo, seguramente perecerán. En cuarto lugar los hombres se condenaron por el "ejercito de los sirios"... **un enemigo mortal**. El enemigo de nuestra alma es el diablo. El obra para que las gentes no escuchen ni hagan caso al evangelio. El Señor le ha condenado a él y no quiere él ir al inferno solo. **La ilustración de la condenación de los cuatro leprosos es impactante.** Dice el Señor Jesús, *"El que en él cree, no es condenado; pero el que no cree, ya ha sido condenado, porque no ha creído en el nombre del unigénito Hijo de Dios."* (Juan 3:18) **Si tenemos corazón, ¿Cómo podemos vivir sin buscar las almas condenadas para que se salven?**

Muchos de los condenados pueden rescatarse de la muerte eterna en las llamas del infierno, si nosotros nos dedicamos a la "ganancia de almas".

Tenemos un enemigo, pero Cristo también dijo, "*... edificaré a mi iglesia; y las puertas del Hades* (palabra griega que se usa para el lugar de tormentos, fuego, etc., que también es llamado el infierno) *no prevalecerán contra ella.*" Mateo 16:18. En otras palabras las puertas del Hades no pueden impedir que nosotros invadamos el territorio del diablo, si vamos con la Palabra de Dios y con el poder del Espíritu Santo.

CAPITULO CUATRO

ALGUNAS SUGERENCIAS PARA TENER EXISTO

1. **La ORACION**. Hay que orar para el poder (la llenura) del Espíritu Santo. Hay que orar para la dirección de Dios; que El le guie en la ganancia de almas.
2. **Mantenga una lista de persona inconversas y ore por ellas todos los días.** Ore porque obre en ellos el Espíritu Santo.
3. Busque una **relación** amistosa y de respeto mutuo con los inconversos. Busque conocer a ellos como persona. Usted puede ser el único creyente que conocen. A veces es necesario ganar la confianza del inconverso para tener la oportunidad de testificar de Cristo. **Sé sincero.** No hay que ver a los inconversos como "otra alma que ganar; otra nariz que contar".
4. Siempre busque tener una buena presentación personal. Usted representa a Cristo y a Su iglesia. Al salir con el propósito de visitar a los inconversos, vaya bien presentable y aseado.
5. Cúan triste seria que una gente rechazara a Cristo y el evangelio por el descuido personal de nosotros. Hay que cuidarse y evitar tener "mal aliento y mal olor físico. Es ventajosa cuando la esposa nos pueda ayudar con eso.
6. Hay que vestirse apropiadamente. La regla bíblica es la "modestia". Vestirse modestamente significa,

"evitar cualquier manera de vestir que llame la atención a su persona y especialmente a su cuerpo. El propósito es, "que Cristo sea el punto de enfoque; no nosotros". Vale decir que, "pocas personas se ofenden por una criterio o regla alto".
7. Hay que ser sensibles a las necesidades de otros. Hay que evitar "achicar o avergonzar" al individuo a quien testifica. Practique la cortesía y la gentileza.
8. Evite "argumentos". No discute con la persona. No logramos nada por la contienda. Sabemos que tenemos la verdad, pero no vale mucho si ahuyentamos a la gente por ser contenciosos.
9. No sea un "sabio todo". Aunque usted sepa mucho, el "tiempo de testificar"
no es el momento oportuno para demostrar que sí sabe todo.
10. No se distrae. Persista en lo mas importante, el "presentar el evangelio al inconverso".
11. Evite situaciones comprometedoras. ¡Cuido! No entre en una casa donde su testimonio cristiano puede tacharse o dañarse. Los hombres no deben estar a solas con una joven o mujer. Lleve a su esposa si planea testificar a una mujer. Es mejor que testifiquen las mujeres a las mujeres. Las señoritas y los jóvenes no deben visitar casa-en-casa sin que haya supervisión adulta.
12. Tenga cuidado en cuanto a "tocar, besar, abrazar, etc." la gente a los cuales testifica... especialmente los del sexo opuesto.
13. No sea "negativo". Evite criticar otras iglesias, religiones, etc. Hable de Cristo en forma positiva. No tenemos que señalar los defectos de la fe de otros para demostrar los meritos de Cristo.

CAPITULO CUATRO

14. Use la Palabra de Dios. Tenga a la mano un Nuevo Testamento. Es mejor no andar una Biblia tamaño familiar cuando ande de casa-en-casa.
15. Presente el plan de la salvación usando la Escritura. Es mejor presentar el plan usando cuantos versículos sean necesarios, pero no un número exagerado. Usar versículos en exceso puede confundir la gente.
16. Hable usando palabras que se entienden. Hay inconversos que no entienden el lenguaje "del templo" o que se usa en nuestra iglesia. Hay que presentar el evangelio en una forma que aun un niño lo pueda entender. A la misma vez tenga cuidado de no hablar a los adultos como que son niños. Preparase para poder explicar el significado del "arrepentimiento, el pecado, la justificación, la redención, etc.
17. Si sabe de antemano que la persona tiene una Biblia Reina Valera, esta bien usarla. A veces conviene usar la Biblia del individuo. Evite la crítica de otras versiones. El objeto es ganar al individuo para Cristo, no dar un estudio sobre los errores o problemas de otras versiones de la Biblia.
18. Vale permitir al individuo ver y leer los versículos personalmente, pero tenga cuidado de no avergonzar a alguien que no sabe leer muy bien. Hay que ayudar al individuo encontrar los versículos en la Biblia.
19. A veces es practico dar ilustraciones personales, etc., pero cuidado de abusar. Algunas personas, con buenas intenciones, hablan demasiado solo porque les gusta escucharse a si mismos hablar...

EL EVANGELISMO PERSONAL

20. Es mejor ir dos-en-dos o quizás hasta con tres en el grupo. Si van mas que tres, puede darse una impresión equivocada. Hay que decidir antes de llegar a la puerta quien va a hablar. Si dos o mas hablan a la vez, o si uno interrumpe al otro, puede causar confusión. Trabajen en equipo. Nótese: Tener un/a compañero/a sirve de protección contra las acusaciones que puede haber... de haber hecho algo no correcto.
21. Busque tener un "ambiente" controlado (apagar el televisor o por lo menos bajar el volumen). Sin embargo, usted es invitado en la casa. Acuérdese de eso.
22. No testifique a la gente durante horas de trabajo. Hay que respetarle al patrón, el empresario, etc. No le pagan a usted por testificar, ni al empleado para que escuche el evangelio... normalmente. Puede testificar durante el tiempo libre, etc.
23. Evite discutir la Biblia con los miembros de una secta falsa, especialmente delante de una persona inconversa que usted desea ganar para Cristo. No es sabio "atacar verbalmente" al miembro de una secta, especialmente delante de un inconverso. No conviene discutir o hablar de las creencias de una secta, con el representante de la secta, delante de un inconverso o aun una persona recién convertida. Puede ser que el individuo no-creyente decida a favor de la secta solo porque el otro sabe expresarse o debatir mejor que usted. El diablo es muy astuto. Sus seguidores saben usar la "psicología" a su favor.
    Ejemplo: Me encontré una vez con una persona no-creyente y dos misioneros jóvenes de una secta (vestidos de camisa

CAPITULO CUATRO

blanca y corbata) que hablaban con ella. No se me dio lugar hablar. Tomé la decisión no descartar en ese momento sus enseñanzas por que hubiera resultado en una discusión grande. Pensé mejor visitar la persona en otro momento no estando ellos. Creo que reconocieron la estrategia mía y para contrarrestar todo lo que yo pudiera decir dijeron al individuo, "Solo le pedimos que ore y que le pida a Dios que El le diga cual de nosotros tenemos la razón." Lamentablemente el individuo inconverso siguió siendo inconverso. Ella dijo, "Cuan amables son esos jóvenes y me impresionaron con su *espiritualidad*". **Aunque conviene que el ganador de almas sepa algo de las creencias de las sectas falsas, vale mas tener conocimiento practico de La Biblia... la Verdad Divina. Al enemigo le gustaría que usted pasara mucho tiempo estudiando lo falso. Estudie la verdad bíblica y probablemente reconocerá el error doctrinal cuando se presente.**

24. Haga preguntas que sirven abrir la puerta para testificar o presentar el evangelio. Evite pasar mucho tiempo hablando de cosas secundarias.
25. Hay que explicar el evangelio. Dé lugar para una decisión de recibir a Cristo, pero no hay que insistir que la persona decida inmediatamente.
26. Hay que "instar a tiempo y fuera de tiempo". Esté siempre listo presentar el evangelio. Tenga el N. T. a la mano. Tenga tratados evangélicos.
27. Ande, siempre, unas tarjetas (3X5) o una libreta para poder anotar nombres, direcciones, números de teléfono y los resultados de la visita, etc.
28. Viva con conciencia de las almas... conciencia de la condición de ellos.
29. Sé sincero.
30. Aproveche las oportunidades que se le presentan, cuando se presenten.

EL EVANGELISMO PERSONAL

31. No hay que "presumir" que el individuo ya tiene conocimiento del evangelio y del amor de Dios.
32. No hay que presumir que el individuo rechazará el evangelio.
33. Si no gana al individuo, deje "la puerta abierta" para otra ocasión.

CAPITULO CINCO

BIBLICAMENTE, EL "HACER DISCÍPULOS" FORMA PARTE DE LA GRAN COMISION...

NOTESE: *Se puede preguntar: "¿Por qué incluir el 'hacer discípulos' en un estudio sobre el evangelismo personal?" Es la convicción bíblica del escritor que la "ganancia de almas", desconectada de la iglesia local no es bíblica. Cristo mandó a Sus discípulos dar el evangelio con el propósito de ganar almas, pero a la vez El mandó "enseñar los nuevos creyentes" todo lo que El había mandado.* <u>**SI, hay que hacer todo lo posible por ganar las almas**, pero también hay que hacer todo lo posible porque las gentes que se ganan, **formen parte de una iglesia local neo-testamentaria.**</u> *Desafortunadamente algunas personas se preocupan mas por "contar las narices" de las almas que ganan, que por ver conversiones que cuentan.* **Cristo se preocupa por las almas** *(Lucas 19:10)* **y por "la edificación de la iglesia local".**

El creyente no ha cumplido su labor, como ganador de almas, hasta que el nuevo creyente haga una profesión publica de su fe en Cristo por seguir a Cristo en el bautismo bíblico por sumersión en agua. El nuevo creyente debe inscribirse en un programa de "seguimiento" o de discipulado en el contexto de una iglesia local de fe y practica bíblica. La Gran Comisión del Señor Jesucristo (Mateo 28:19-20) es: "Ir con el evangelio para ganar almas en el mundo entero; pero también incluye el enseñarles a los nuevos creyentes guardar todo lo que Cristo ha mandado a sus discípulos.

A. Fruto Que Permanezca

EL EVANGELISMO PERSONAL

En Juan 15:8 vemos la importancia de "llevar mucho fruto". Cuando llevemos **mucho** fruto el Padre es glorificado. Aunque a todos los apasionados por la ganancia de almas les gustaría ver a muchos inconversos creer en Cristo, nos damos cuenta que hay sectores en el campo misionero donde no habrá "mucho fruto". Algunos ganadores de almas (pastores, misioneros, maestros de la escuela dominical, evangelistas y otros) sembrarán la semilla del evangelio y la regarán más que cosechar. Debemos mantenernos fieles a la voluntad de Dios en donde El nos tenga. Cuando haya fruto, tan poco que sea, queremos que sea **fruto que permanezca**.

"No me elegisteis vosotros a mi; sino que yo os elegí a vosotros; y os he puesto para que vayáis y llevéis fruto, y **vuestro fruto permanezca**; *para que todo lo que pidiereis al Padre en mi nombre; El os lo dé."*

Juan 15:16

La Biblia dice en Lucas 15:10, "Así os digo que hay gozo delante de los ángeles de Dios por un pecador que se arrepiente." Seguramente el ganador de almas comparte este gozo... él goza con los que están en la presencia de los ángeles, cuando se convierte otro pecador arrepentido. Este gozo puede compararse con el gozo que sienten los padres cuando les nazca un hijo o una hija. Todos los padres de familia también comparten la esperanza de que sus hijos crezcan normalmente y que lleguen a ser adultos fructíferos. Los ganadores de almas deseamos ver el nacimiento nuevo de las personas no-creyentes. Nos gozamos cuando alguien llegue a formar parte de la familia de Dios por el nacimiento nuevo, pero también deseamos que crezcan espiritualmente. Debemos guiarles a las verdades y a las experiencias que contribuirán a la madurez spiritual (Efesios 4:12-16). El Señor usa **la instrucción** en la Palabra de Dios, el **compañerismo** con otros creyentes, la **adoración de Dios**, y el **caminar diario** con El, para producir la madurez deseada en el nuevo creyente. Los ganadores de almas debemos encomendar el nuevo creyente al Señor, pero también a **la iglesia local**.

B. Seguir el Ejemplo Bíblico Asegura Que Haya "Fruto Que Permanezca".

El ejemplo dejado para nosotros por los primeros misioneros y el Apóstol Pablo se halla en Los Hechos 14. Leamos comenzando con el versículo 21:

"Y después de anunciar el evangelio a aquella ciudad y de hacer muchos discípulos,..."
vs.21

"... confirmando los ánimos de los discípulos, exhortándoles a que permanecieren en la fe..." vs. 22

Pablo reconocía su responsabilidad en cuanto a obedecer el mandamiento de Cristo anotado en Mateo 28:19-20. La **predicación** de Pablo tenía el propósito de dar el evangelio al no-creyente. La **enseñanza** de Pablo se dirigía a los que ellos habían podido ganar para Cristo por medio de la predicación del evangelio. El "hacer discípulos" es necesario para el establecimiento de la iglesia local, y para la edificación que se menciona en Efesios, capitulo 4.

C. ¿Que Debe Enseñarse al Nuevo Creyente?

EL EVANGELISMO PERSONAL

1. Deben enseñarse la certeza y la seguridad de la salvación. El ganador de almas y el "consejero" (durante la invitación) de la iglesia deben tomar tiempo mostrar al nuevo creyente las Escrituras indicadas para que él/ella tenga la certeza de haberse salvado. Hay que enseñarles los versículos que proporcionan la seguridad de la salvación. Ayúdeles comprender que la salvación es:
    a. Un don o una dadiva; que es gratis (Efesios 2:8-9; Romanos 6:23b)
    b. Basada en la "gracia" de Dios (favor o don no-merecido)
    c. Dada por Dios; no es ganada por obras o por dejar de pecar
    d. Dada por Dios "cuando el pecador *invoca* el nombre del Señor". Romanos 10:13
    e. Cosa cierta y segura, ya que se basa en el poder de Dios cumplir Su promesa.
    f. "Pasar de muerte a vida" (Juan 5:24)
    g. Basada en el testimonio de El (No confiar en Cristo como Salvador personal es, prácticamente, "hacer de Dios mentiroso". (I Juan 5:10-13)
    h. Tener una relación nueva con Dios... El es nuestro Padre celestial. (Juan 1:12)

2. Como estudiar la Biblia. (2 Timoteo 2:15)
3. Como orar. (Lucas 18:1, Filipenses 4:6)

4. Como mantener la comunión con Dios. Como "permanecer" en El y tener compañerismo con El. Hay que señalar la necesidad de confesar diariamente el pecado. (I Juan 1:9)
5. Como vivir una vida victoriosa. (Romanos 7:24-8:3)
6. La importancia de la iglesia local y su ministerio. (Hebreos 10:25)
7. Los primeros pasos en la vida cristiana... el bautismo, etc.
8. Como discernir la voluntad de Dios y la importancia de obedecerle a El.
9. Como honrarle a Dios con nuestra boca, la vida, los bienes, etc.
10. Como ganar almas.

CAPITULO SEIS

EXCUSAS... porque no ganan almas algunas personas cristianas

1. El mundo es demasiado pecador. Nadie tiene interés en el evangelio.
2. Todas las personas que conozco son cristianos ya, o tienen una religión ya.
3. Tengo demasiado que hacer en los otros aspectos del ministerio.
4. Dios no me ha llamado ser ganador de almas.
5. No tengo el don de evangelista o del evangelismo.
6. Porque tenemos unos ministerios tremendos en la iglesia no nos hace falta ir a "buscar las almas"; ellos llegan por si solos.
7. Yo creo en el evangelismo, "estilo de vida". Yo "vivo" el evangelio delante de los inconversos.
8. A mi me toca "orar y dar" para que otros puedan evangelizar.
9. Pagamos el sueldo del pastor para que vaya él a ganar almas. Es su trabajo.
10. No creo que debo "obligar a nadie recibir mi fe" o religión. Es cosa muy personal.
11. ¿Cúal es la excusa suya?

Nótese: Un día, no muy lejano, será necesario dar cuentas a Dios. ¿Cómo reaccionará El ante nuestras excusas?

CAPITULO SIETE
LA PALABRA DE DIOS ES ESENCIAL

A. La Palabra de Dios es "poderosa"… como la dinamita. Romanos 1:16
B. La Palabra de Dios es "cortante"; Discierne todo... Hebreos 4:12
C. La Palabra de Dios "perfecciona y prepara" al hombre. 2 Timoteo 3:16-17
D. La Palabra de Dios "limpia". Salmo 119:9
E. La Palabra de Dios es "la semilla". Lucas 8:11
F. La Palabra de Dios "salva". I Pedro 1:22-25
G. La Palabra de Dios "no esta presa". II Timoteo 2:9
H. La Palabra de Dios "permanece para siempre". I Pedro 1:23
I. Por la Palabra de Dios, el pecador "renace" (nacer de nuevo, Juan 3:3). I Pedro 1:23
J. La Palabra de Dios, junto con la oración, santifica. I Timoteo 4:5
K. Por la Palabra de Dios, es el oír que produce la fe que salva. Romanos 10:17
L. La Palabra de Dios debe memorizarse. Salmo 1:1-6
M. Dios ha prometido bendecir (prosperar) Su Palabra. Isaías 55:11

Hay que formular una lista de referencias bíblicas que pueden servir contestar las preguntas o dudas que los inconversos puedan tener. A veces **una explicación bíblica** es lo único que hace falta para que un individuo tome la decisión de recibir a Cristo. Es preferible tener esa lista de referencias anotada en una de las primeras hojas de la Biblia o el Nuevo Testamento que se usa para ganar almas.

Ejemplo: El inconverso puede decir, "Yo soy un pecador infeliz y muy vil; no puedo ser salvo." El ganador de almas puede responder con las palabras de Pablo.

*"Palabra fiel y digna de ser recibida por todos: que Cristo Jesús vino al mundo para salvar a los pecadores, de los cuales yo soy el **primero**"* (I Timoteo 1:15).

Pablo se consideraba el **primero** entre los pecadores. Si Cristo le pudo salvar a él, puede salvar a cualquier. También, Pablo dijo,

*"Mas Dios muestra su amor para con nosotros, en que **siendo** aún pecadores, Cristo murió por nosotros."*
Romanos 5:8

1. La pregunta:_____
   La referencia bíblica: _____
2. La pregunta: _____
   La referencia bíblica: _____
3. La duda: _____
   La referencia bíblica: _____

CAPITULO OCHO

LA GANANCIA DE ALMAS

¿En Donde Hay Que Ganar Almas?

1. En nuestra Jerusalén... en nuestra comunidad.
   El ganador de almas (evangelista) puede buscar ganar a las gentes que viven en su comunidad o en el área cerca de la iglesia. Hay que buscar ganar:

   a. Su familia; los padres, hijos, sobrinos, primos, cuñados, etc.

   b. Los amigos, los vecinos, los compañeros de estudio o de trabajo, etc.

   c. Las personas que visitan la iglesia o llegan a la escuela dominical u otras actividades de la iglesia.

   d. Almas en ocasiones como funerales, bodas, etc.

   e. Almas al visitar a gente en el hospital, o los ancianos en los asilos, etc.

   f. Los presos en las cárceles, o las personas que participan en los campamentos, o que llegan en los transportes de la iglesia.

   g. **Las personas con las cuales tiene contacto** todos los días o semanas. Hay que testificar a las personas que trabajan en el súper, en la tienda o la pulpería y en la gasolinera, el plomero,

EL EVANGELISMO PERSONAL

el electricista, el mesero o camarera... **la mayoría de las personas con las cuales usted habla, necesitan oír el evangelio de Cristo.** Testifique a la gente en el autobús, en la parada de buses, en el taxi, en el centro, <u>**a todo el mundo**</u> cuando se le presente la oportunidad.

h. La gente con quienes habla usted por teléfono.
i. La gente a que usted manda tarjetas, la gente que recibe la paga de sus cuentas de luz, etc.

Pídale al Señor que traiga a su vida personas a las cuales usted puede testificar.

2. El área que se representa por "toda Judea". Esa es el área más allá del alcance del ministerio local de su iglesia.
3. En "<u>Samaria</u>". Más lejos todavía.
4. Hasta "lo ultimo de la tierra".

    Obviamente no todos los creyentes pueden ir a ganar almas más allá del área que es su comunidad local. Hay manera de participar en la evangelización de la gente de esos lugares. Es probable que la iglesia suya tenga un programa de misiones.

    a. Podemos dar ofrendas pro-misiones y orar por las almas en esos lugares.
    b. Hay buenas oportunidades para los ganadores de almas si participan en las

actividades de establecer nuevas iglesias.
   c. También se pueden hacer viajes cortos a los lugares donde la iglesia tiene misioneros.

CAPITULO NUEVE
EL MINISTERIO DE GANAR ALMAS

A. Tipos de Evangelismo
Recientemente se han publicado libros nuevos que tratan el tema de las formas o métodos diferentes de evangelismo.
1. Algunas personas dicen que no les gusta el evangelismo caracterizado por la "visitación **casa-en-casa** o puerta-en-puerta".
2. Otras personas dicen que no es necesario practicar el evangelismo que ellos llaman "**agresivo**" o de confrontación.
3. Algunos prefieren el "evangelio de **solo creer**" o sea que la persona solo tiene que decir que "cree que Cristo Jesús es el Hijo de Dios, que murió en la cruz y que resucitó el tercer día", para que sea salvo.
4. Hay otros que dicen que una persona deber "**recibir a Jesús**" para ser salvo, y eso sin mayor explicación. Ese mensaje es bien recibido en la cultura latina y por los católicos romanos porque la enseñanza de la iglesia romana es que uno debe "recibir a Cristo todos los días".
5. Algunos predican que no es necesario **desafiar a la gente** con el evangelio, diciéndoles que son pecadores. Un predicar apostata dijo que es una **injusticia** y vergüenza decirle al pecador que es pecador.
6. Otras personas dicen que para ser salvo uno solo tiene que **repetir una oración** breve, sin que haya

CAPITULO NUEVE

arrepentimiento del pecado y aun sin compromiso con Cristo o la iglesia local, etc.
7. Y aun otras personas dicen que no es necesario **testificar** con la boca, sino **solo con la vida.**

El creyente se anima escoger el estilo o el método de evangelismo que más se acomoda a su personalidad o que más prefiere. La gente, como el péndulo, va de lado a lado, de un extremo a otro.

No pase mucho tiempo discutiendo cual sea el mejor método de evangelizar. El método de evangelismo mejor, es el método bíblico. Hay que testificar con:
1. la boca... los discípulos "anunciaron" el evangelio.
2. hay que testificar con **la vida**... una vida que verifica y confirma lo que se dice con la boca.

El evangelio es algo sencillo. Aun los niños pueden entender el evangelio. Es asombroso, pero a veces, un niño puede creer y ser salvo cuando a los adultos les cuesta. Un niño cree a Dios más fácilmente que un adulto.

Tenemos un mensaje sencillo... el evangelio. Cristo murió por nuestros pecados, conforme a las Escrituras; y que fue sepultado, y resucitó el tercer día, conforme a las Escrituras;... **Todo aquel que invocare Su nombre, será salvo.**

Nótese: Vale mencionar que en algunas culturas es relativamente fácil lograr que las personas "alcen" la mano para recibir a Cristo. El ganador de almas debe tener cuidado de no contar manos y reportarlas como conversiones. En el África la gente puede "recibir a Jesús", pero lo que no dicen, es que ellos reciben a Jesús como primer paso y luego se bautizan como segundo paso hacia la salvación. En Latino América he visto a centenares de personas levantar la mano "para recibir a Jesús", cuando en realidad lo que hacían era levantar la mano para poder recibir un Nuevo Testamento o una Biblia. Es muy importante no engañarnos. Es más importante no engañar a la gente, dándoles a entender que son salvos solo porque levantan una mano, etc.

¿Es necesario que el pecador derrame lágrimas de arrepentimiento? ¿Son también necesarios el llanto y el clamor? ¿Cómo es la respuesta? Puede ser que haya lágrimas, pero no todas las personas responden en la misma manera. La verdad es que nosotros, como seres humanos, no podemos ver "el <u>corazón</u>" del individuo. He visto a hombres fuertes y fornidos aceptar a Cristo y la única señal de su arrepentimiento... una lágrima singular o un temblar de la mano. Me era imposible ver lo profundo de sus corazones.

También he visto a personas llorar incontrolablemente al aceptar a Cristo. Manifestaban tener corazones contritos y quebrantados. Su humildad me convencía que eran sinceros, pero la persistencia de ellos en los caminos viejos y con las costumbres de la vida vieja me desengañaba. Porque no podemos ver el corazón del individuo, solo hacemos nuestra parte – evangelizamos al individuo —y dejamos los resultados y la regeneración al Señor. Solo EL puede salvar un alma y transformar una vida.

Cuando el carcelero de Filipos les preguntó a Pablo y a Silas, ¿"Que debo hacer para ser salvo?" Ellos le dijeron,

CAPITULO NUEVE

"Cree en el Señor Jesucristo, y serás salvo, tu y tu casa."
Hechos 16"30-31

La respuesta era breve, correcta y al grano. El carcelero y los de su casa que creyeron se salvaron esa noche. Pablo y Silas habían pasado por muchas pruebas para poder testificar al carcelero, pero valió la pena. <u>El mensaje de salvación anunciado por los apóstoles era mensaje sencillo, pero creo que el testimonio de ellos tuvo que ver también.</u> El carcelero pudo observar las reacciones de ellos ante las acusaciones falsas, el juicio injusto, los abusos, los azotes ilegales, y el hecho de meterse en el calabozo... la conducta de ellos... tuvo que ver con su conversión. Si los apóstoles hubieran reaccionado de otra forma (resentidos, vengativos, etc.), él probablemente no les hubiera hecho la pregunta.

Estimados lectores, no podemos quedarnos "sentados" esperando que los perdidos nos busquen a nosotros. Debemos "ir a buscarlos" para Cristo. Tenemos que confrontarlos con la verdad, mientras haya lugar... cuando el Señor nos permita. Tenemos que hablarles de las posibilidades que tienen... **el cielo o el infierno**.

En verdad, debemos "**vivir para evangelizar**" a los inconversos. **Debemos vivir con el gran propósito de compartir las buenas nuevas del evangelio de Cristo Jesús.** También, nuestras vidas deben corroborar y revalidar lo que anunciamos con la boca.

La idea de algunas de **nunca confrontar**" a nadie con el evangelio, es una idea extremista no-bíblica. Claro hay consideraciones culturales, políticas, sociales, y éticas que pueden limitar las actividades evangelisticas agresivas pero esa idea no debe usarse como un pretexto porque no testificar nunca. Debemos confrontar a la gente con el evangelio, pero hay que hacerlo tomando en cuenta los cambios que ha habido en nuestro mundo.

B. Hay Que "Evangelizar" En Una Manera Culturalmente Pertinente.

Nosotros vivimos en un mundo cambiante. Hace unos cuarenta a cincuenta años, en algunos lugares, gozamos la oportunidad de ir de casa-en-casa con pocas restricciones. En esos años, frecuentemente encontramos gente inconversa, y a pesar de ser no-creyentes tenían conocimiento bíblico básico. La gente reconocía que eran personas perdidas. Muchas personas sabían lo que hacia falta para salvarse pero sencillamente no habían tomado la decisión de recibir a Cristo.

Hoy día miles de personas viven en apartamentos en edificios de númerosos pisos, y, prácticamente, las puertas de esos apartamentos no se abren para el evangelio. Hay comunidades con "portones cerrados" que solo se abren para los residentes o las gentes que ellos invitan entrar. Es cada vez más difícil encontrar a la gente en casa. Muchas personas pasan poco tiempo en casa. Muchos solo van a la casa para bañarse, cambiar la ropa o para dormir. Para los que desean evangelizar a la gente, la situación se vuelve más difícil todavía, porque la gente, al estar en casa, no quiere "molestarse por algún fanático religioso".

CAPITULO NUEVE

Muchos jóvenes de la nueva generación nunca han asistido a una iglesia., nunca han leído la Biblia, y no saben, con seguridad, quien es Jesús. Muchos no se convencen que El haya vivido jamás. La Semana Santa no es más que una semana de vacaciones para muchos jóvenes. La semana solo sirve para divertirse, ir a la playa, tener fiestas... un tiempo de disolución y orgias. Se les enseña a los jóvenes que nada es "pecado". Los evolucionistas enseñan en las escuelas publicas que los seres humanos "son descendientes de los monos". Se les enseña que no hay "maldad", porque lo que hacen, lo hacen por naturaleza... "**solo son animales evolucionados,** haciendo lo natural". Se les enseña que no hay verdad **absoluta**. En el mundo moderno, si algo es placentero y si uno "siente" que esta bien... esta bien o permisible.

Europa occidental e Inglaterra específicamente, ejercieron una influencia fuerte en cuanto a propagación del evangelio. Los movimientos misioneros nacieron allá. Poco a poco los cristianos individuales y las iglesias dejaron sus esfuerzos evangelisticos. Ahora solo 1% de la población de Inglaterra asiste a alguna iglesia. Los países que antes enviaban misioneros con el evangelio al mundo, se han convertido en campos misioneros. En verdad los países de Europa no son campos "fructíferos". Un gran número de iglesias en EE.UU. se parecen con las de Europa.

Hubo tiempo en el pasado cuando las organizaciones, instituciones y aun el sector comercial fueron impactados por la influencia de las iglesias. Nuevas leyes legislado por los jueces liberales de la Corte Suprema prohíben esa influencia. Querer o no, nos vemos obligados aceptar la separación del estado de la religión. El propósito de esas las leyes es, "eliminar la fe" de la vida diaria. No podemos distraernos y usar nuestros recursos para combates políticos. Como ciudadanos tenemos el deber "votar", pero nuestra prioridad debe ser "ganar almas". Podemos culpar a otros pero la verdad es que muchos creyentes de generaciones pasadas fallaron en cuanto a ganar almas. Ahora nos toca evangelizar una generación de personas "secularizado" por la eliminación de la influencia judío-cristiano.

Hay otro punto triste. En verdad muchas iglesias están por cerrar sus puertas y dejar de existir. Muchas congregaciones no han ganado nuevas personas jóvenes y por lo tanto cuando mueren los ancianos no habrá iglesia. Hay Iglesias que sencillamente, mueren. <u>Las Iglesias que no buscan ganar almas con pasión y no llevan el evangelio en manera pertinente no tienen un futuro muy prometedor.</u>

Este estudio no es de "plantar iglesias" pero si es importante reconocer que las iglesias existentes deben edificarse y renovarse por la ganancia de almas; es importante que estas iglesias planteen nuevas iglesias. Una iglesia se puede plantar cuando haya la ganancia de almas y el hacer discípulos.

Aunque nunca debemos cambiar el mensaje del evangelio de Cristo Jesús, puede ser necesario hacer ajustes en cuanto a las tácticas y los métodos. Para logar acceso a los inconversos nos hacen falta nuevas formas de comunicación.

C. Algunas Razones Porque Algunos Cristianos No Buscan Ganar Almas.

CAPITULO NUEVE

1. Algunos cristianos no conocen a personas inconversas. Es interesante que los "nuevos creyentes" sí conocen a personas inconversas. Sin embargo, no tarden mucho en añadir su nombre a la lista de creyentes que no tienen amigos o conocidos inconversos. El asociarse con personas no-creyentes se considera "no conveniente y mundano". Muchos creyentes dan interpretación literal (y incorrecto) a las palabras de Señor cuando EL dijo que "amistad con el mundo es enemistad con Dios". Algunos creyentes argumentan que el recién convertido debe, "dejar totalmente el mundo y las amistades de antes". Dentro de pocos meses, aun el nuevo creyente habla el "lenguaje *santito* de la iglesia". Generalmente no tarden mucho los perdidos en apartarse de ellos. No digo que los creyentes, nuevos o viejos, debemos usar el lenguaje grosero del mundo, pero si digo que si no tenemos cuidado nos aislamos de los inconversos por ser "santitos". Un escritor lo expresó diciendo, "La mayoría de los cristianos se han "aislado y apartado" de la gente inconversa de tal manera que ni conocen a gente que necesita el evangelio.

No es, necesariamente, cosa mala que los cristianos se sienten incómodos en la presencia de los perdidos. Muchos cristianos no apreciamos el lenguaje rudo y grosero de muchos inconversos, especialmente si usan el nombre del Señor en vano. La gran mayoría de los cristianos bíblicos no aprobamos la conducta de los inconversos; una conducta caracterizada por el tomar, el apostar, las actividades ilícitas y sensuales, e impías. Se nos manda en I Tesalonicenses 5:22 abstenernos de toda apariencia de mal. Si tomamos la enseñanza de 2 Corintios 6:17 a un "extremo", nos aislamos totalmente del mundo y las personas que debemos buscar ganar para Cristo. No es la voluntad del Señor que vivamos como ermitaños.

"Por lo cual, Salid de en medio de ellos, y apartaos, dice el Señor, Y no toquéis lo inmundo; Y yo os recibiré,..."
2 Corintios 6:17

Es una bendición vivir en un barrio o una colonia rodeado de cristianos, y trabajar y estudiar en un ambiente totalmente cristiano, etc., pero ¿no es entonces, separar "nuestra luz de la oscuridad? Los misioneros en el África solían apartarse de las aldeas y la gente viviendo en recintos con muros y portones muy altos. Buscaron retener, hasta donde posible, sus costumbres y cultura adentro de esos recintos. Los muros que servían para protección, los aislaban de la gente que fueron a ganar. Las gentes indígenas o nacionales no tuvieron de la oportunidad de ver los misioneros "vivir o mostrar la vida cristiana".

Esa situación produjo malentendidos entre los misioneros y los nacionales. Los misioneros no se identificaban con la gente que buscaban ganar. La mayoría de los misioneros han abandonado esa costumbre y prefieren identificar con la gente y vivir en el pueblo con ellos... cuando practico.

Para que nuestros esfuerzos evangelisticos sean pertinentes, debemos, **con la ayuda del Señor,** vivir **en** el mundo de los perdidos, sin **ser** de su mundo. No es que debemos **ser o vivir** como los inconversos, sino **estar con** ellos. El Señor Jesús pasó mucho tiempo con los inconversos y El se conocía como "amigo de pecadores".

CAPITULO NUEVE

"Y aconteció que estando él sentado a la mesa, he aquí que mucho publicanos y pecadores, que habían venido, se sentaron juntamente a la mesa con Jesús y sus discípulos."
Mateo 9:10

"Se acercaban a Jesús todos los publicanos y pecadores para oírle, y los fariseos y los escribas murmuraban, diciendo: Este a los pecadores recibe, y con ellos come."
Lucas 15:1-2

Vale anotar que uno de los métodos mejores para desarrollar una relación o amistad con los inconversos, especialmente los que no llegan a la iglesia, es invitarlos a la casa para una **comida.** Hay que asegurarse de hacer todos los preparativos necesarios para que los invitados tengan una buena impresión. Tenga cuidado de que la casa este bien aseada, que la comida sea bien preparada y que el hogar dé **buen testimonio cristiano.**

2. **Muchos cristianos esperan que los inconversos se portan como "cristianos".**

    No hemos de esperar que los no-creyentes vivan como cristianos bíblicos. Solo la salvación produce la "**nueva vida**" experiencia. El hecho de que la conducta de muchos creyentes carnales se asemeja a la del no-creyente, contribuye a la ineficacia del testimonio de algunos ganadores de almas. El creyente carnal o mundano tiene poco o nada que ofrecer al inconverso. Los inconversos, a veces, andan buscando "algo mejor". Lamentablemente algunos cristianos no ofrecen el "alternativo" que los inconversos anhelan. El cristiano carnal reacciona ante las tentaciones, las pruebas, los afanes, las aflicciones, las dificultades económicas o del matrimonio, igual que el inconverso. Al ver esos creyentes carnales, algunos inconversos razonan, "Si ese cristiano no tiene recurso o soluciones diferente a los míos, ¿Por qué voy a obligarme a pasar tanto tiempo en la iglesia? Puedo usar ese tiempo para pasear, distraerme o estar en casa viendo tele."

Aunque el creyente no debe esperar que el no-creyente se porte como cristiano bíblico, es justo que el no-creyente espere que el creyente se porte como cristiano bíblico.

3. **En muchos países la gente ya no asiste a la iglesia.**

   En el pasado:
   a. Hubo muchos que asistían a las Iglesias, gente salva y no salva
   b. Hubo menos distracciones los domingos. Las iglesias no tenían que "competir" con el entretenimiento del mundo...
   c. Las tiendas y los centros de comercio no se abrían los domingos.
   d. No se programaban "los eventos" el día domingo.
   e. Aun los inconversos respetaban el día domingo como el Día del Señor.

Hoy día:
El mundo se convierte rápidamente en un mundo secularizado y materialista. La gente quiere "satisfacción", y la

CAPITULO NUEVE

desean ya. *Quieren su "comida" como ellos lo quieren y lo quieren al instante.* Esa actitud se refleja en todo aspecto de la vida. La gente quiere el "éxito" inmediatamente... también la prosperidad, muchas posesiones, y la satisfacción personal. Los inconversos no pasan mucho tiempo meditando en la eternidad. Viven solo para hoy.

Para testificar y ganar almas hay que demostrar las "ventajas" de conocer a Cristo y ser un cristiano bíblico. Los inconversos querrán ver soluciones y respuestas para las cosas a que se enfrentan todos los días. Ellos preguntan, "¿Por qué estamos aquí? ¿Alguien me ama en verdad? ¿Soy importante para alguien?" Es tan importante mostrarles a los inconversos el amor de Dios... y nuestro amor.

Todavía es posible ganar algunas personas para Cristo como un "evento" Uso la expresión **"evento"** para decir que uno puede ganar algunas personas sin tener una relación de conocido con ellos.

Algunas personas pueden ganarse la primera vez que les testificamos. Hay gente todavía que reciben el mensaje del evangelio aunque el ganador de almas sea un desconocido total. Increíble que una persona desconocida puede decirle a otro, "La Biblia dice que usted es un pecador y que va para el infierno si no se arrepienta.

Al pasar el tiempo, creo, que veremos mas personas aceptar a Cristo solo después de que hayamos desarrollado un a "relación amistosa" con ellos. Será necesario buscar su amistad y ganar su confianza.

EL EVANGELISMO PERSONAL

Será necesario ganarles a nosotros primero para poder, luego, ganarles para Cristo. Esa forma de evangelismo es un **"proceso"**.

El desarrollo de una **"relación"** permite al ganador de almas **identificarse con la gente** y **estar disponible** cuando ellos tengan alguna necesidad o aun cuando puedan recibir más favorablemente el mensaje de la salvación. Hay momentos cuando la gente recibe mejor una idea nueva. La salvación por la gracia de Dios, sin las obras, es un mensaje nuevo para muchas personas. Hay lo que llamamos "ventana de oportunidad". El ganador de almas debe estar pendiente y aprovechar esas ventanas abiertas.

Ejemplo:
Hemos podido testificar a muchas personas Hispanas y aun ganar muchos en EE.UU. que no hubiéramos podido ganar en su país de origen. La gente Hispana esta más dispuesta llegar a las iglesias evangélicas y escuchar el mensaje del evangelio cuando no están presentes otros miembros de su familia, los amigos o los religiosos de su pueblo natal...Cuando no temen las represalias. Hay que aprovechar las oportunidades que se presentan.

La amistad sincera con un inconverso le ofrece a usted la oportunidad mostrar un amor sincero. Por medio de nuestro amor demostramos el amor de Dios (Juan 3:16). Mostramos que sus vidas son de mucho valor para nosotros cuando nos involucramos. Ciertamente es necesario aceptar a la gente "cual como son". Comenzamos donde los encontremos y los llevamos a

CAPITULO NUEVE

donde queramos que estén... "salvos por la gracia de Dios". Queremos que tengan vida abundante (Juan 10:10).

También, hoy día, puede ser necesario poner un fundamento doctrinal antes de testificar a una persona. Hace 50 años no era tan necesario tomar el tiempo enseñar esas verdades fundamentales porque, generalmente, la gente ya tenia conocimiento bíblico básico.

Puede ser necesario incorporar algunos de los métodos que usan los misioneros pioneros que trabajan con la gente indígena. Estos misioneros comienzan por enseñar lecciones sobre Génesis. Tienen que definir y explicar quien es Dios, como llegó el hombre a crearse, lo que es el pecado, la redención, etc... Las culturas del mundo se vuelven mas idolatra, más anti-Cristo, más anti-religión, cada día. En muchos países hay necesidad comunicar el evangelio eficazmente a personas de muchas culturas, idiomas, y filosofías.

En realidad el mundo en que vivimos no es nada diferente al mundo en que vivía el Apóstol Pablo. Sí hay más gente (6.7 billones en 2009) pero tenemos las mismas religiones falsas de siempre. Es necesario proceder con precaución. No hay que comprometernos con el mundo. No hay que asimilar los métodos del mundo, ni usar la mundanalidad para "atraer al mundo" a Cristo.

A la vez que hay iglesias donde los miembros han dejado de ganar almas, **hay iglesias que han**

EL EVANGELISMO PERSONAL

"entristecido" al **Espíritu Santo.** Tarde o temprano, dejará de obrar El en ellas... y morirán

Los primeros discípulos ganaron las almas por:
1. Amar a Dios y a las personas;
2. Presentar la verdad de la Palabra de Dios... el evangelio de Jesucristo;
3. Ir en búsqueda de las personas perdidas;
4. Aceptar los inconversos como fueren... se hicieron siervos de todos... para ganar mayor número;
5. Buscar desarrollar una "relación" de confianza y amistad, con los inconversos;
6. Ver a los inconversos gente y personas por las cuales murió el Hijo de Dios;
7. Tenerles compasión;
8. Orar por los inconversos... que se salvaren;
9. Exaltar al Señor Jesucristo;
10. Depender del Espíritu Santo y buscar vivir lleno de El;
11. Persistir en la ganancia de almas, en ser fiel, en tener fe, y tener la paciencia;
12. Vivir piadosamente.

CONCLUSION

Si usted no es ganador de almas le animo comenzar a obedecer el **mandamiento** del Señor y descubrir el gozo que puede ser suyo al rescatar usted a alguien de las llamas del infierno. Usted puede decir, "Hermano, decir 'que comience a obedecer al Señor' es usar lenguaje fuerte." Sí es cierto, pero el creyente que no es testigo para Cristo no es creyente obediente a la <u>**comisión** de El</u> o lleno del Espíritu Santo. Hermano/a, permítale al Señor obrar en su corazón una <u>**compasión** por las almas perdidas.</u> Pídale que le dé una comprensión de la <u>**condición** de ellos.</u>

Si ya es ganador de almas, espero que se haya animado **seguir fiel** en la ganancia de almas, por este estudio. Usted hermano/a bien puede **animar a otros** cristianos participar en el ministerio de evangelizar a los inconversos. Usted puede **enseñar** a otros testificar eficazmente de Cristo. Hay millones de personas en el mundo que **no han oído de Jesucristo,** el Salvador del mundo. Es probable que **algunos vivan** en la comunidad **donde usted.**

Algunas personas inconversas pueden alcanzarse usando los **métodos tradicionales** y convencionales como **el evangelismo agresivo** (no ofensivo) de confrontación. Para poder testificar de Cristo a otras personas inconversas será necesario formar **una relación amistosa y de confianza.** Pidámosle al Señor que nos ayude testificar eficazmente. Hagamos del **evangelismo una prioridad**; de **la Escritura** nuestra palabra **principal**; el Espíritu Santo nuestro compañero constante; y el amor nuestro motivo.

EL EVANGELISMO PERSONAL

Espero que usted pueda "espigar algunos manojos" de esta lección... algo que le bendiga e inspire.

En seguido presentamos:

Una Experiencia de Un Ganador de Almas.

Un hombre se gana para Cristo en su hogar.

Sra. de Gonzalez: Hola.
Pastor: Hola. ¿Es usted la Sra. de Gonzalez?
Sra. de Gonzalez: Si.
Pastor: Yo soy el pastor de La Iglesia Bautista.
Sra. de Gonzalez: ¿Como esta usted?
Pastor: Su apellido se escribe con dos zetas, ¿Verdad?
Sra. de Gonzalez: Así es.
Pastor: Y el apellido mío se escribe Nieto. Me pregunto si podemos ser parientes ya que soy Fulano Gonzalez Nieto. Me es muy interesante que tengamos el mismo apellido.
Sra. de Gonzalez: Son apellidos muy común.
Pastor: Sí son muy comunes. Sra. de Gonzalez, entiendo que usted asistió a uno de los servicios de nuestra iglesia, recientemente. ¿Es así? ¿Por la mañana el domingo, o por la noche?
Sra. de Gonzalez: Asistí a los dos servicios.
Pastor: ¿Para los dos servicios? Bueno, que maravilloso que llegó otra vez el domingo por la noche y también el miércoles por la noche. ¿La acompañó su marido?
Sra. de Gonzalez: No, no asistió él el miércoles. ¿Le gustaría pasar y conocerle?
Pastor: Bueno, gracias, sí me gustaría. Muchas gracias. Que bueno es poder estar a dentro y no estar asoleándome. En verdad hace calor aquí afuera. ¿Quien toca la guitarra?

Sra. de Gonzalez: Jose.
Pastor: ¿Verdad?
Sra. de Gonzalez: Aquí le presento Jose.
Pastor: Hola Jose. ¿Como esta usted?
Jose: Bien y ¿Como esta usted?
Pastor: Me da mucho gusto conocerle. Yo soy el pastor de La Iglesia Bautista. Le agradecemos el haber nos visitado en la Iglesia el domingo pasado. Leticia me dice que usted toca la guitara. ¿Es cierto?
Jose: Sí, yo toco la guitar.
Pastor: ¿Es un hecho entonces? ¿Toca profesionalmente?
Jose: Bueno, no toco en ningún lugar actualmente. Antes de trasladarnos para acá tocaba profesionalmente en algunos clubes en la capital.
Pastor: ¿Tocaba regularmente entonces?
Jose: Si, tocaba más cuando prestaba servicio militar.
Pastor: Bueno, que interesante. Yo admiro al hombre que puede tocar guitara. Jose, ¿qué clase de guitara es esta?
Jose: Es una Yamaha.
Pastor: ¿Una Yamaha? ¿Es una acústica verdad?
Jose: Bueno, es una japonesa.
Pastor: Es una japonesa. Maravilloso. ¿Ustedes son recién llegados aquí?
Jose: Sí, así es.
Pastor: Bueno. ¿De donde vienen?
Jose: Venimos de Zacatecoluca. Yo estudiaba allá.
Pastor: Jose, ¿donde estudiaba?
Jose: Estudiaba en una universidad de ingeniería durante un tiempo pero luego saque unos estudios en La Universidad de Oriente.
Pastor: Usted ha vivido en varios lugares como Zacatecoluca, Cuscatlandia y conoce varias cosas—toca guitara y es

EL EVANGELISMO PERSONAL

ingeniero, etc. Esto es tremendo. ¿Donde trabaja, Jose? ¿Tiene trabajo aquí?
Jose: Si, trabajo con la empresa Rio Grande.
Pastor: ¿Que responsabilidad tiene con la compañía?
Jose: Trabajo con las computadoras.
Pastor: ¿Dónde aprendió eso?
Jose: Estudiando en La U de Oriente.
Pastor: Que bueno. ¿Le gusta el trabajo?
Jose: Si, me gusta bastante.
Pastor: Mi deseo es que les guste vivir acá. Les extendemos una cálida bienvenida. Nos alegra de que estén acá y confiamos que gocen de vivir en nuestra ciudad. También, de parte de nuestra iglesia, les agradezco por habernos visitado en el culto del domingo pasado. Siempre nos es un gozo tener nuevas personas de visita. Nos alegra de que hayan llegado.
Jose: Es una iglesia grande pero amigable.
Pastor: Si, es una iglesia muy grande.
Jose: Gozamos especialmente de la música del coro "Cosecha.
Pastor: Maravilloso. Que bueno. ¿Sabe? a mi también me gusta la música. Supongo que a usted le gusta la música porque toca la guitarra. Creo que verá usted y Leticia que sí tenemos mucha gente, pero creo que descubrirán que tenemos espíritu de una iglesia más pequeña, quizás. No nos portamos como iglesia grande. Realmente somos gente normal y amamos al Señor. Creo que descubrirán, después de estar un tiempo, que la iglesia es como la iglesia que asistía en el pueblo. Espero que visiten otra vez. ¿Como se llama la iglesia donde era miembro Leticia? ¿Es miembro de alguna iglesia?
Leticia: Sí, en Zacatecoluca. Era miembro de una iglesia bautista pequeña.

CONCLUSION

PASTOR: ¿Así es? Entonces usted es salva, ¿verdad?
Leticia: Sí, soy salva.
PASTOR: ¿Sabe Leticia que si muriera hoy, iría al cielo?
Leticia: Ciertamente lo sé.
PASTOR: Bueno, es maravilloso. ¿Cuándo se salvó?
Leticia: Cuando tenía trece años.
PASTOR: Que bueno. Me alegra. Jose, ¿es usted un bautista también?
Jose: No, yo fui criado en una iglesia católica. Hemos buscado iglesia por aquí. Hemos investigado la religión evangélica.
PASTOR: Entiendo. Entonces, ¿fue criado en la tradición católica romana?
Jose: Sí.
PASTOR: Mi mamá era católica. Ella se convirtió al evangelio después de que yo comenzara a asistir un a iglesia bautista. Ustedes no asisten a la iglesia católica, o ¿sí?
Jose: Bueno, asistíamos a una iglesia católica en la capital. Fuimos a diferentes iglesias allí. Ahora buscamos una iglesia aquí cerca.
PASTOR: Entiendo. ¿Han asistido a la iglesia católica aquí?
Jose: Sí, hemos asistido a la iglesia católica.
PASTOR: Bueno, eso es muy interesante. Yo soy cristiano bíblico y bautista, y Leticia también. Usted es católico y asistido a la católica y otras buscando la verdad. ¿Saben? una cosa maravillosa es que no necesitan pertenecer a una iglesia para ir al cielo. Si conocen a Cristo Jesús como su Salvador personal pueden ir al cielo.

Yo siempre digo que la iglesia es como la parada de buses. La parada no le lleva a su destino; es, sencillamente un buen lugar esperar el autobús que sí le lleva a su destino. Así que el transporte para el cielo es el Señor Jesucristo. Mucha gente llegan a conoce al Señor estando en la iglesia, pero usted le puede conocerle a El en el camino o en la ruta. Usted puede salvarse en su hogar tan bien como puede salvarse en la iglesia.

Olvidemos por unos minutos, Jose, que yo soy bautista y que usted es católico, y pensemos en una sola cosa. Sé que en nuestras iglesias bautistas la gente me dice, "Pastor, aunque he sido bautista durante muchos años, no tengo la seguridad de que voy para el cielo." Estoy seguro que haya en la iglesia católica y aun las evangelicas personas que pertenecen a la iglesia, pero como algunos bautistas, ellos no saben que al morir van para el cielo.

Permítame hacerle una pregunta Jose, "¿Sabe usted que si muriera en este momento iría al cielo?"
Jose: No creo que alguien pueda saber eso hasta morir.
PASTOR: Bueno. Entonces usted cree que no se puede saber que uno es salvo hasta morir. ¿Verdad?
Leticia: Estoy seguro que Jose es cristiano. El lee la Biblia mucho.
PASTOR: Entiendo. Es admirable leer la Biblia. Estoy seguro que por haber estado en la iglesia bautista, la iglesia católica y ahora por estar investigando la religión evangélica, son sinceros y que desean saber la verdad. De esto estoy seguro. Jose, me impresiona su sinceridad. Le quiero hacer una pregunta. Suponiendo que yo pudiera enseñarle, usando la Biblia, como tener la seguridad de que al morir usted va para el cielo y que una persona bien puede saber que es salvo, ¿Que haría usted? Si usted pudiera entender eso y que es necesario para ser salvo, ¿Haría lo que la Biblia dice?
Jose: Sí, creo que lo haría si podemos ponernos de acuerdo en este punto.

CONCLUSION

PASTOR: En otras palabras, si puede ver que la Biblia enseña que usted puede saber que es salvo, ¿haría lo necesario para salvarse?

Jose: Sí.

PASTOR: Bueno, dice I Juan 5:13, "Estas cosas os he escrito a vosotros que creéis en el nombre del Hijo de Dios, para que sepáis que tenéis vida eterna, y para que creáis en el nombre del Hijo de Dios." Quiero ir otro poquito más lejos. Entiendo que si usted puede ver lo que hay que hacer y si podemos ponernos de acuerdo en cuanto a lo que la Biblia enseña, usted lo hará lo que la Biblia dice.

Jose: Sí, si sé que hacer según la Biblia.

PASTOR: Hay solo cuatro cosas que saber para ir al cielo. La Biblia dice que la fe viene por el oír y el oír por la Palabra de Dios. Tiene usted la razón. Una persona debe investigar o escudriñar la Palabra de Dios para aprender lo que hay que hacer para ser un cristiano de verdad.

La primera cosa que hay que saber es que somos pecadores. Jose déjeme enseñarle esto aquí en la Biblia. En Romanos, capitulo tres y el versículo diez, verá que la primera cosa que se menciona es que debemos reconocer que somos pecadores, si vamos a ir al cielo. ¿Ve esto aquí en el pasaje? Romanos 3:10, "Como esta escrito: No hay justo, ni aun uno;…

Jose: "Justo"

PASTOR: "….Justo…" Así es. "…ni aun uno"… ¿Logra entender esto?

Jose: Sí.

PASTOR: Ahora, este tercer capítulo, en su totalidad, nos habla de la condición del corazón del hombre. Mire a la última parte del versículo doce. Allí hallamos, "…No hay quien haga lo bueno,…"

Jose: "…bueno…"

EL EVANGELISMO PERSONAL

PASTOR: "…bueno…" Correcto. "…No hay quien haga lo bueno, ni siquiera uno." En versículo veinte-tres hay un resumen del capitulo que dice que todos hemos… ¿Qué?
Jose: "…todos pecaron…."
PASTOR: *"todos pecaron y están destituido de… ¿Qué?*
Jose: "…de la Gloria de Dios."
PASTOR: "…la Gloria de Dios." Ahora, lo que esto enseña es que todos, por naturaleza, somos pecadores. Si la Biblia dice que no hay justo, entonces yo no soy justo, ¿Verdad?
Jose: Sí.
PASTOR: Y si no hay justo, esto significa que Leticia no es justa. Claro, usted ya sabe que ella no es justa. Este versículo enseña que ella no es persona justa. El versículo enseña que no hay persona justa. Esto significa que Pastor Morales ha pecado. Significa que Leticia ha pecado, y Jose ha pecado, porque todos hemos pecado. ¿Entiende esto?
Jose: Sí.
PASTOR: Así que la primera cosa que sabemos es que todas las personas somos pecadores por naturaleza y hecho y que no hay justo.

La segunda cosa que usted tiene que saber Jose, es que Dios dice que el pecado tiene precio o paga. Todos somos pecadores y hay un precio que tiene que pagarse por el pecado. Ese precio se halla en el capitulo cinco y el versículo doce. Note que allí dice, *"Por tanto, como el pecado entró en el mundo por un hombre, y por el pecado la muerte, así la muerte pasó a todos los hombres, por cuanto todos pecaron.* Jose, ¿Que entró como resultado del pecado?
Jose: "…la muerte…"
PASTOR: "…por el pecado la muerte…" ¿Que entró?
Jose: "…la muerte…"

PASTOR: "...la muerte pasó a todos los hombres, por cuanto todos pecaron." Algo semejante se dice en el capitulo seis y el versículo veinte-tres. *"Porque la paga del pecado es muerte,..."*
Jose: "...la muerte..."
PASTOR: "...LA MUERTE..." Correcto. Bien, hallamos entonces que todos somos pecadores, y hallamos que Dios dice que el pecado tiene precio. El precio del pecado es la muerte. Ahora le explico lo que esto significa. Dios hizo al hombre y a la mujer y los puso en el huerto de Edén. Los puso en el huerto de Edén y les dijo, *"...De todo árbol del huerto podrás comer; mas del árbol de la ciencia del bien y del mal no comerás."* Dijo Dios, "Adán y Eva, no comerán de ese árbol." Si comen de ese árbol, morirán. Ellos comieron de ese árbol. Usted cree eso. Los católicos creen eso; los evangelicos creen eso; los bautistas creen eso también. Así que comieron de ese árbol. Cuando comieron, murieron. No cayeron muertos físicamente, en ese momento. Era primeramente una muerte spiritual, aunque la maldición de la muerte física sí vino sobre el hombre. Inmediatamente, Adán huyó de Dios y fue separado de El. Esto indica que murió espiritualmente. Si un hombre vive sin Dios, tiene que morir sin Dios. Si un hombre muere sin Dios, tiene que pasar toda la eternidad sin Dios—esto es llamado, el infierno. Esto significa Jose, que el pecado nos lleva al infierno.

La primera cosa que vemos es que toda persona es pecador. La segunda cosa es, que hay un precio por el pecado, y ese precio es la muerte... la muerte en el infierno. ¿Entiende esto? Esta es la segunda cosa.
Jose: Sí.
PASTOR: Ahora, hemos visto que yo soy pecador y usted es pecador. ¿Es cierto?
Jose: Sí.

PASTOR: Y también podemos decir que sin Cristo yo iría para el infierno y que usted tambien. ¿Esto es cierto también?
Jose: Sí.
PASTOR: La tercera cosa Jose, que usted debe saber, se halla en Romanos, capitulo cinco y el versículo ocho, y eso es que Dios ha pagado el precio por nosotros, ya. Mira el capitulo cinco y el versículo ocho: *"Mas Dios muestra su amor para con nosotros, en que siendo aun pecadores, Cristo..."* ¿Hizo que?
Jose: "...murió por nosotros."
PASTOR: "...murió por nosotros." ¿Qué es la paga del pecado?
Jose: La muerte.
PASTOR: Muerte. ¿Que es lo que Cristo hizo por nosotros?
Jose: Murió por nosotros.
PASTOR: Correcto. Esto significa que cualquier que fuera el precio del pecado, Cristo lo pagó todo por nosotros. ¿Es verdad?
Jose: Sí.
PASTOR: Muy bien. Entonces nosotros somos pecadores; la paga del pecado es muerte y la separación eterna de Dios. Jesús murió por nosotros. Esto significa que Jesús pagó el precio por nuestros pecados. Dios envió a Su Hijo Unigénito al mundo. El era Dios encarnado. Nació de una virgen. Vivió una vida perfecta, sin pecado. El jamás pecó. Así que El no tenia que ir al infierno, ¿Verdad? Pero al cumplir treinta y tres años aquí en este mundo fue a la cruz. En la cruz El dijo, "Dios mío, Dios mío, ¿porque me has desamparado?" Esto significa que El pagaba el precio por el pecado, los míos y los suyos, Jose, usted, ¿entiende esto ahora?
Jose: Sí.

CONCLUSION

PASTOR: Ahora, Jose la cuarta cosa que usted debe saber es que si pone su fe en Jesucristo como su Salvador personal, Dios verá su fe y lo tendrá por justicia, y pasará todos los pecados suyos a Jesús y le dará la justicia de El a usted. Esto significa que en el momento que usted confíe en Cristo Jesús, Dios ve a Jesús con los pecados suyos Jose, y le ve a usted con la justicia de Cristo Jesús. ¿No seria una cosa maravillosa saber hoy que todos sus pecados se han perdonado?
Jose: Si, seria bueno. Pero la palabra "fe" es una palabra difícil. Quiero decir que incluye muchas cosas. Uno tiene que vivir de acuerdo con el Antiguo Testamento y los Diez Mandamientos y otras cosas semejantes, y vivir una vida muy buena también. PASTOR: Bueno, creo que es admirable que uno viva una vida buena. Pero lo que pasa cuando se salve, Dios le da el Espíritu Santo y el Espíritu Santo toma morada en usted. El vive a través de usted y en su vida cristiana. El es como un "niñero" que le cuida a usted.

Ahora, no podemos guardar los mandamientos o vivir una vida buena si no tenemos la ayuda de Dios. Una persona tiene que nacer de nuevo primero; aceptar a Cristo por fe, y cuando confiemos en Cristo el Espíritu Santo mora en nosotros. Entonces El vive a través de nosotros, obra a través de nuestras vidas y nos ayuda vivir la vida cristiana que debemos vivir. Pero es la "fe" que nos convierte en hijos de Dios.

Ahora, Jose, permítame preguntar esto: En Romanos 10:9 y 10 se dice, "... *que si confesares con tu boca que Jesús es el Señor, y creyeres en tu corazón que Dios le levantó de los muertos, serás salvo. Porque con el corazón se cree para justicia (por ese creer recibe justicia)*, pero con la boca se confiesa para salvación." ¿Ves eso?
Jose: Sí.

EL EVANGELISMO PERSONAL

PASTOR: Jose, permítame preguntarle. ¿Reconoce hoy que es pecador?

Jose: Sí, reconozco que soy pecador.

PASTOR: ¿Reconoce que porque somos pecadores hay un precio que pagar, y que esto significa que si muriera en este momento iría al infierno? ¿Reconoce esto?

Jose: Sí, reconozco esto también.

PASTOR: Jose, esta es una cosa muy seria. Leticia es cristiana, y usted no es cristiano. Si su apartamento se destruyera por fuego en esta noche y los dos pasaran a la eternidad, Leticia iría al cielo y usted iría al infierno. No la vería jamás. Esto me preocupa y me da miedo para usted Jose. ¿Cree usted Jose, que Jesucristo tomó sus pecados y murió en la cruz para que usted pueda tener vida eterna?

Jose: Si, lo creo.

PASTOR: ¿Cree, que sí esta dispuesto inclinar su cabeza y decir, "Dios, por fe y de corazón sincero confío en Cristo Jesús como mi Salvador personal, y en este momento le recibo a El", que Dios le llevará al cielo cuando muera... si invoca Su nombre en serio?

Jose: Bueno, sí, creo que lo hará.

PASTOR: Seguramente lo hará. Jose, inclinemos nuestras cabezas y oremos... y déjeme orar primero que usted acepte a Cristo en esta noche. Inclinemos nuestras cabezas y cerremos nuestros ojos. Padre nuestro que esta en el cielo, doy gracias porque Jose ha escuchado el evangelio. Esta es una pareja joven comenzando la vida juntos. Ellos tienen toda la vida por delante pero más que eso tienen la eternidad por delante. Aquí está Leticia que es cristiana. Ella va para el cielo. Aquí está Jose. El necesita salvarse. Oro en esta noche pidiéndote que él diga sí a Jesucristo.

Jose, mientras tengamos las cabezas inclinadas y los ojos cerrados, voy a pedirle que haga algo que Dios quiere que haga. Le pido que hable con Dios usando sus propias palabras, y que le pida a Dios que le perdone, y que le diga que recibe a Jesucristo como su Salvador personal. Adelante. Hágalo Jose. Dios le ayudará. Adelante, en voz alta. Espero que lo haga.

Bueno Jose, quizás le cueste orar. Quizás no pueda pensar en las palabras que decir. Voy a pedirle que repita conmigo esta oración. Si de todo corazón y si usted quiere en esta noche recibir a Jesús el Salvador, le pido que diga a Dios, de corazón, ahora, "Querido Señor, perdona mis pecados".

Jose: Querido Señor perdona mis pecados.
PASTOR: Y sálvame el alma...
Jose: Y sálvame el alma...
PASTOR: Tenga misericordia de mi, pecador que soy.
Jose: Tenga misericordia de mi, picador que soy.
PASTOR: Yo, ahora, me arrepiento y recibo a Jesucristo como mi Salvador...
Jose: Yo, ahora, me arrepiento y recibo a Jesucristo como mi Salvador...
PASTOR: Y confío en El para que me lleve al cielo cuando yo muera.
Jose: Y confío en El para que me lleve al cielo cuando yo muera.
PASTOR: Jose, mientras tengamos la cabeza inclinada, si usted oró de corazón y recibió a Cristo como su Salvador; hacienda de esta hora la hora más importante de su vida, voy a pedirle que como señal de su decisión, que tome mi mano. Amén. Dios le bendiga.

Padre nuestro que esta en el cielo, me alegra que Jose ha recibido a Cristo esta noche. Me alegra que él haya aceptado al Salvador por fe. Oro ahora que le ayudas

EL EVANGELISMO PERSONAL

reconocer que si él es sincero, su fe le es contado por justicia y él es Su hijo. En el nombre de Jesús oro.

Dios le bendiga, Jose.

Permítame hacerle una pregunta ahora, Jose. En el Evangelio de Juan, en a capitulo tres (uno de los capítulos mas importantes en la Biblia), quiero que vea un versículo: *"...todo aquel que en él cree, no se pierda, mas tenga vida eterna."* (3:16) Jose, ¿cree en el Hijo de Dios en esta noche?

Jose: Sí, creo en El en esta noche..

PASTOR: Según este versículo, ¿A donde iría si muriera en esta noche?

Jose: Bueno, iría para el cielo.

PASTOR: Correcto. Porque la Biblia lo dice. El cielo es su esperanza. Jose, mire a Leticia y diga, "Leticia, yo acabo de hacerme cristiano."

Jose: Yo acabo de hacerme cristiano.

PASTOR: ¿No es esto maravilloso? Esto sí es maravilloso. Dios le bendiga Jose.

Jose, ahora que ha recibido a Cristo como su Salvador, el siguiente paso es llegar al culto de la iglesia y permitirme decirles a las personas que has recibido a Cristo. Esto no significa que esta haciéndose miembro de la iglesia, solo es decir a todo el mundo que ahora es cristiano. ¿Está dispuesto llegar el domingo al servicio de la iglesia, y durante la invitación al final del culto, iría al altar y permitirme decir a la gente lo que ha pasado en su hogar ahora?

Jose: Creo que podemos hacer eso.

PASTOR: Bueno, ¿le promete a Dios hacerlo?

Jose: Bueno, sí, sí lo haré.

PASTOR: Inclinemos la cabeza y diga esta oración: Querido Señor...

Jose: Querido Señor...

PASTOR: Prometo...

Jose: Prometo…
PASTOR: Que iré al altar…
Jose: Que iré al altar…
PASTOR: En La Iglesia Bautista
Jose: En La Iglesia Bautista
PASTOR: El domingo que viene.
Jose: El domingo que viene.
PASTOR: Amen.
Jose: Amen.
PASTOR: Dios le bendiga Jose. Yo me voy. Tengo una reunión con los diáconos. Voy a llegar tarde. Espero que no me vaya a despedir antes de que llegue. Que gusto haberle conocido. Leticia
, que gusto conocerle a usted. Dios les bendiga. Les veré el domingo por la mañana. Adiós.

¡QUE BENDICIÓN! ¡GRACIAS A DIOS!

Lecciones:
1. El pastor "hizo la visita". Cuantas personas cristianas nunca visitan a los inconversos. **Hay que salir a ganar almas "a propósito".**
2. **Se identificó** como pastor de La Iglesia Bautista.
3. No **pasó mucho tiempo entre la visita a la Iglesia de Leticia y la visita del Pastor Hyles.** Hay que aprovechar el momento oportuno. Por algo, visitaron la Iglesia.
4. Notemos que el pastor "trató amablemente a la gente". **Hay que demostrar un interés y amor sincero.** La gente reconoce luego cuando nuestro amor no es genuino.

EL EVANGELISMO PERSONAL

5. El pastor tomó tiempo para hablar de lo que les "interesaba a la gente". **El conversó con ellos para ganar su confianza y para conocerles mejor.**
6. **El no atacó a ellos, la música mundana de Jose, etc. o las religiones de ellos.** Probablemente no le hubiera ganado a Jose si le hubiera criticado por haber visitado la iglesia católica. No hay que hablar mal de otras iglesias y de otras religiones.
7. **La presentación del evangelio era cosa "positiva".** El pastor les habló del amor de Dios.
8. El pastor **"no comparó las enseñanzas de las iglesias"**.
9. El pastor **"concentró en lo mas importante... la necesidad de Jose, y el evangelio"**.
10. El pastor **"no habló a Jose con 'desprecio', sino con respeto"**.
11. Se presentó en forma **"sencilla el plan de la salvación"**.
12. Se tocaron los puntos del plan:
    a. **Que somos pecadores**
    b. **Que el pecado tiene precio... la muerte espiritual**
    c. **Que Cristo, siendo el Hijo de Dios, murió en nuestro lugar y pagó por nuestros pecados**
    d. **Que es necesario confiar en Cristo como salvador personal**
    e. **Que la persona que reconoce su pecado y su condición de condenado puede recibir a Cristo**
    f. **Que uno recibe a Cristo por orar y pedirle perdón y salvación.**
    g. **Que Dios promete salvar todo aquel que recibe a Cristo, Su Hijo**

CONCLUSION

13. El pastor le ayudó **"con la oración"**. No le "avergonzó", diciendo, ¿"No sabe usted orar?
14. El enfatizó la **'importancia de orar de corazón sincero"**.
15. No dijo, "Usted es salvo", sino **"Según lo que dice la Biblia"**, ¿Es usted salvo?" **Es importante que el individuo base la salvación en la Escritura** y no la palabra del ganador de almas.
16. El pastor le dijo a Jose después de aceptar a Cristo, que **dijera a su esposa Leticia que había recibido a Cristo con Salvador.** Es importante que el individuo exprese en sus propias palabras lo que ha hecho. Al decir, "He recibido a Cristo o que se ha hecho cristiano", la decisión se confirma en la mente y el corazón.
17. Si hubo alguien que le acompañó al pastor no se menciona y definitivamente no interrumpió al pastor. **Siempre hay que designar quien es que va a hablar.** El compañero debe mantener silencio.
18. El pastor le **"animó a Jose hacer una profesión publica de su fe"**. Le animó, pero también logró que prometiera ir a la iglesia y dar testimonio durante la invitación de haber recibido a Cristo.
19. El pastor oró con ellos.
20. Se despidió de ellos diciendo que esperaba verlos en la Iglesia.

Probablemente haya otras lecciones que aprender de la experiencia de este pastor. Anótelas usted. Hay que utilizarlas cuando busque ganar las personas para Cristo.

Vayamos a Ganar Almas.

EL AUTOR

Dr. Bob Chapman Green nació en Fort Pierce, Florida el 23 de septiembre, 1943. Sus padres eran Bob C y Edris Marie Green. El Hermano Green es llamado "Hno Roberto" por los hispanos, aunque su nombre no es Robert. El aceptó a Cristo como Salvador en 1955 en una compaña de avivamiento en la Iglesia Bautista Fairlawn, donde DD Peterson era el Pastor. El Señor le tocó su corazón en 1959 y le llamó a predicar el Evangelio. Hermano Green es graduado de Dan McCarty High School y Tennessee Temple College. Estudió y logró una Maestría y luego un Doctorado de Baptist College of América en Kokomo, Indiana.

Hermano Green y Patricia Deitz de Asheville, NC se casaron el 15 de julio de 1965. Patricia aceptó a Cristo en septiembre de 1962. Ellos fueron aprobados como misioneros para Centro América con BIMI (Baptist International Missions, Inc.) en enero de 1967. Ellos sirvieron durante varios años en Centro América, y ayudaron comenzar y establecer varias iglesias. Ellos vivieron en Costa Rica, Nicaragua, Guatemala y finalmente en El Salvador. Sirvieron con La Familia Bell enseñando en el instituto bíblico "IBERO." Era él co-pastor fundador de La Iglesia Bautista Miramonte en San Salvador.

En 1973 se trasladaron a San Miguel donde comenzaron El Tabernáculo Bautista de San Miguel.

Dr. Green y Patricia reconocen la gran obra de Dios que se ha hecho bajo el liderazgo de los pastores Salvadoreños. Dios usó a estos fieles hombres de Dios y sus familias para multiplicar el ministerio de fundar iglesias bautistas independientes nuevas. La Familia Green se siente sumamente bendecida por haber tenido el privilegio de servir en Centro América, especialmente en El Salvador.

Dios permitió al Hermano Green ser piloto aviador y mecánico de aviación. La avioneta que Dios les dio sirvió como una herramienta para el evangelismo y para transportar pastores, evangelistas y misioneros. También le permitió hacer vuelos en casos de emergencia médica.

Actualmente Los Green sirven siempre con BIMI. El es Representante Para El Ministerio Hispano y Director de Ministerios de Aviación.

Los Hermanos Green tienen dos hijos: <u>Susan,</u> casada con Kevin Culler. Tienen dos hijos, Hannah, casada con Mitch, y ellos tienen dos hijos pequeños, Trevor y Brooklyn. Susan y Kevin tienen su hijo Joshua, casado con Gaby. Nuestro hijo <u>Timoteo</u> tiene cuatro hijos: Danielle, Hunter, Logan y Natalie. Damos gracias a Dios por todos ellos.

www.ingramcontent.com/pod-product-compliance
Lightning Source LLC
Chambersburg PA
CBHW070425080426
42450CB00030B/1365